Charles de Foucauld

Mit einem Essay von Jean François Six,
zahlreichen Schwarzweißbildern
und 16 Farbtafeln
von Helmuth Nils Loose

Charles de Foucauld

Herder Freiburg · Basel · Wien

Verlag und Fotograf danken: Mgr. Bernard Jacqueline, Postulator im Seligsprechungsprozeß des Charles de Foucauld, Rom, den Kleinen Schwestern Jacqueline de Jésus, Rom, und Lucie de Jésus, Tamanrasset, sowie dem Kleinen Bruder Antoine Chatelard, Tamanrasset; außerdem dem Fotografen Jean-Claude Vaysse, Paris, und Herrn Pater Pierre Sourisseau, der uns die Unterlagen „Charles des Foucaulds" in den Archives de l'Église de France in Paris zugänglich gemacht hat.

Übersetzung: Curt Winterhalter

Gesamtherstellung: Freiburger Graphische Betriebe 1981
ISBN 3-451-19414-7

Ein Waisenkind, das emigrieren muß

Charles de Foucauld ist zwölf Jahre alt, als der Krieg von 1870 zwischen Frankreich und Preußen ausbricht. Er wohnt in Straßburg bei seinem Großvater, dem Obersten de Morlet. Der Junge und sein Großvater werden Zeugen der Niederlage von Sedan und des Einmarschs des Feindes in ihr Vaterland; das bedeutet eine ungeheure Erschütterung für den Jungen. Zudem wird Frankreich Republik. Die Familie von Charles de Foucauld, Monarchisten, lehnen diese Regierungsform ab.

Es folgen Waffenstillstand und Friede. Elsaß und Lothringen werden deutsch. De Morlet entscheidet sich für die französische Staatsangehörigkeit und verlegt seinen Wohnsitz von Straßburg nach Nancy. Charles de Foucauld wird also ein Emigrant; er fühlt sich durch die Niederlage seines Landes gedemütigt und verwundet, als er die Stadt verlassen muß, in der er am 15. September 1858 geboren wurde. Er hat Heimweh nach den Stätten seiner Kindheit. Sein Großvater hämmert ihm Rachegdanken ein mit der Hoffnung, Straßburg eines Tages zurückzuerobern. Charles de Foucauld stirbt 1916, ohne erlebt zu haben, daß seine Heimat, das Elsaß, wieder französisch wurde; er sollte Straßburg niemals wiedersehen.

Dieses Emigrantenkind ist zugleich Waise. Seine Mutter war im März 1864 gestorben, als es fünfeinhalb Jahre alt war, sein Vater im August des gleichen

Das Geburtshaus von Charles de Foucauld in Straßburg

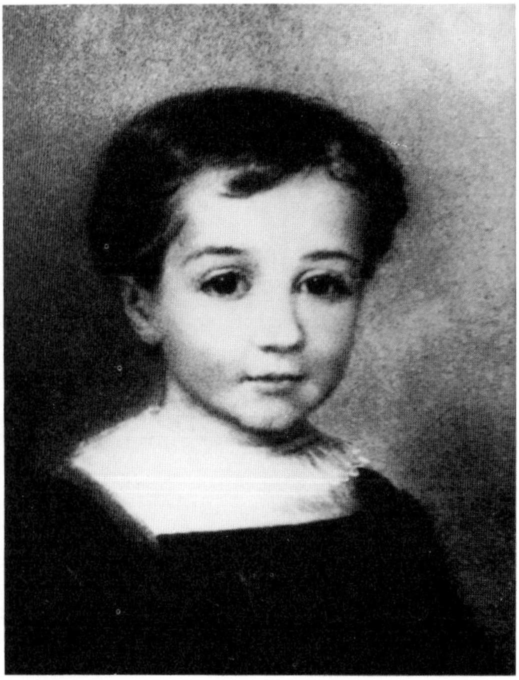

Kinderbild von Charles

Jahres. Charles und seine drei Jahre jüngere Schwester Marie wurden von ihrem Großvater mütterlicherseits aufgenommen. Ihre Eltern hatten sich getrennt, denn Herr de Foucauld, an Tuberkulose erkrankt, wollte nicht, daß seine Kinder angesteckt würden. Er starb übrigens allein in Paris, ohne seine Kinder noch einmal zu sehen. Seine Frau, die bei ihren Eltern in Straßburg Zuflucht suchte, starb dort an einer Fehlgeburt.

Gewiß, die Foucaulds sind vermögend und haben viele Einkünfte. Materiell hat der Junge nichts zu entbehren, und seine Großeltern verwöhnen ihn mit ihrer überschwenglichen Liebe. Aber seit dem Tod seiner Eltern ist Charles schweigsam geworden. Er lebt in einer Welt der Träume. Die frühen Wunden werden sich in seinem Leben immer wieder bemerkbar machen.

Der Auszug des verlorenen Sohnes

Im April 1872 geht Charles zur Erstkommunion. An der Feier nimmt auch eine seiner Cousinen teil, Marie Moitessier, die Tochter von Ines Moitessier, einer Schwester seines Vaters. Ines war eine sehr schöne Frau und wurde von Ingres gemalt. Aber sie war auch eine Frau, die wußte, was sie wollte, eben eine furchtlose Foucauld und das eigentliche Oberhaupt der Familie. Marie

Charles mit seiner Mutter, Marie-Elisabeth de Foucauld, und seiner Schwester Marie

ist neun Jahre älter als Charles; gescheit und liebenswürdig, nimmt sie sich ihres jungen Vetters an. Als Kommuniongeschenk gibt sie ihm „Les Élévations sur les Mystères" von Bossuet. Dieses Buch wird später bei seiner Konversion mitwirken. Während der Ferien begegnet er ihr wieder auf dem Besitz der Moitessiers bei Évreux. Charles fühlt sich stark zu Marie hingezogen; als Eroberernatur möchte er sie oft treffen. Sie verkörpert für ihn eine ältere Schwester, ja eine zweite Mutter.

Aber Marie Moitessier verheiratet sich im April 1874 mit Olivier de Bondy, und Charles fühlt sich von neuem zurückgestoßen. Bisher ein fleißiger Schüler, wird er plötzlich nachlässig. Wenn er das Vor-Abitur mit Leichtigkeit und schon im Alter von fünfzehn Jahren – mit Sondergenehmigung – besteht, geschieht es dank seiner Intelligenz und seiner Allgemeinbildung. Aber er will kein geregeltes Studium beginnen. Er liest sehr viel, begeistert sich für Montaigne und Voltaire und entwickelt sich dabei zum Skeptiker. Er interessiert sich für die Untersuchungen und für die wissenschaftliche Methode von Claude Bernard, der den Blutkreislauf untersuchte, und für die Werke des

Charles und seine Schwester kostümiert

Philosophen Hippolyte Taine und des Schriftstellers Ernest Renan, dessen „Leben Jesu“ viele Zeitgenossen schockierte. Mit Heißhunger verschlingt er jede Sorte von Lektüre.

Mit sechzehn Jahren, zur gleichen Zeit, in der Marie Moitessier heiratet, gibt Charles de Foucauld den Glauben auf. Aus welchem Grund? „Nichts schien mir genügend bewiesen“, wird er später sagen, „kein Beweis schien mir einleuchtend genug.“ Zwölf Jahre verbleibt er in diesem Zustand. Wie sein Zeitgenosse Littré, der über Gott erklärte, es handle sich „um einen Ozean, für den wir weder Barke noch Segel besitzen“, lebt er nach seinen eigenen Worten dahin, „ohne etwas zu leugnen noch etwas zu glauben“.

Charles hat sich für die Laufbahn in der Armee entschieden. Sein Großvater wünscht, er möge wie er das Polytechnikum besuchen. Aber Charles wählt die Militärschule Saint-Cyr. Dort ist es leichter. Zur Vorbereitung tritt er für

Das Waisenkind Charles im Alter von 6 Jahren

Charles Großvater, Oberst Beaudet de Marlet

die nächsten zwei Jahre in „Saint-Geneviève" in Versailles ein. Im zweiten Jahr – er ist nun siebzehn – stürzt er sich in sexuelle Abenteuer. Das bedeutet für ihn reine Anarchie. „Ich war ganz Egoismus, ganz Gottlosigkeit, ganz Drang zum Bösen, ich war wie besessen." Er wird im März 1876, drei Monate vor der Aufnahmeprüfung für Saint-Cyr, entlassen und kehrt nach Nancy zurück. Die Entlassung hat ihn zutiefst getroffen, und er setzt seine Ehre daran, in Saint-Cyr aufgenommen zu werden. Es gelingt ihm auf Platz 82 von 412 Schülern.

Eine tolle Jugend

Im Oktober 1876 ist er nun mit achtzehn Jahren in Saint-Cyr. Seine Kameraden, darunter solche, die später einmal berühmt wurden, wie Driant, Sarrail und Pétain, sind vom Willen zur Rache geprägt. Nachdem sein Heißhunger auf Lektüre gestillt ist, wird Foucauld zum Feinschmecker, der sich am meisten für gutes Essen interessiert. Deshalb ist der junge Mann zu korpulent geworden, worüber man übrigens in Saint-Cyr spottete, denn er hat bei der Einkleidung keine passende Uniform gefunden. Er arbeitet von jetzt an nicht mehr, und die beiden Jahre in Saint-Cyr verbringt er mit der Organisation von „Parties", um seine Langeweile zu betäuben. Der Tod seines Großvaters

Charles bei seinem Eintritt in die Militärakademie von Saint-Cyr im Oktober 1876

Charles als Leutnant im 4. Husarenregiment

im Februar 1878 ist ein schwerer Schlag für ihn, erlaubt ihm aber, über erhebliche Summen für seine Gelage und Feste zu verfügen.

Auf Saint-Cyr folgt von Oktober 1878 bis Oktober 1879 ein Jahr Kavallerieschule in Saumur. Er verläßt Saumur als letzter, von 87 Mann der 87. Nun wird er Leutnant der Husaren in Sézanne, später in Pont-à-Mousson. Er ist inzwischen zwanzig Jahre alt.

Mit seinem exzentrischen Auftreten macht er sich zum Ärgernis der Garnisonsstadt. Er lebt auf großem Fuß, richtet sich in Pont-à-Mousson eine Junggesellenwohnung ein, in die er die Halbwelt von Paris einlädt und eine zweite in Paris, wo er seinen Urlaub verbringt, denn in der Provinz ist es ihm zu langweilig. Eine gewisse Mimi ist seine Freundin, eine lebhafte, witzige und gerissene Person.

Er ist ein Lebemann und zugleich ein trauriger Mensch. Im Grunde sucht er die Leere zu füllen, die seine frühen Verwundungen hinterließen. Rückschauend wird er sich später über sein damaliges Leben so äußern: „Quälende Leere, Traurigkeit, wie ich sie nur damals empfunden hatte; sie überfiel mich jeden Abend, wenn ich allein in meiner Wohnung war... Sie machte mich stumm und bedrückt auf meinen sogenannten Festen: zwar bereitete ich sie vor, aber wenn der Augenblick gekommen war, versank ich in endloses Schweigen, Ekel, Überdruß... Es war die unbestimmbare Unruhe eines schlechten Gewissens, das eingeschläfert, aber nicht ganz erstorben ist. Nie mehr habe ich eine solche Traurigkeit und Unruhe, ein solches Unbehagen gespürt."

Wenn ihn seine Kameraden auch lustig und blendend finden, so ist er doch nicht frei von aristokratischem Hochmut. Seine Feste sind geradezu subtil – er hat die Schriftsteller des 18. Jahrhunderts gut gelesen. Er ist zugleich Prinz, Anarchist und Lebemann, aber sozusagen in fürstlichem Kostüm.

Im Dezember 1880 wird sein Regiment nach Algier versetzt. Charles de Foucauld, der Mimi unter seinem Gepäck mitgebracht hat, nimmt in Sétif seine Gewohnheiten aus Frankreich, Feste zu feiern und im Luxus zu leben, wieder auf. Seine Oberen befehlen ihm, seine Verbindung mit Mimi nicht weiter öffentlich zu zeigen. Doch sein Stolz widersetzt sich, er verweigert den Gehorsam. Im März 1881 wird er wegen „Disziplinlosigkeit und schlechten Benehmens in der Öffentlichkeit" beurlaubt. Die Armee hat ihn verabschiedet, oder besser gesagt, Charles de Foucauld hat sich durch einen gewissen Wiederholungsmechanismus von der Armee verabschieden lassen.

Der Schreckschuß

Foucauld lebt mit Mimi in Évian-les-Bains, dem klimatisch reizvollen Badeort am Genfer See. Das bedeutet drei Monate lang absolutes Nichtstun, bis zu dem Tag im Juni, an dem er beim Öffnen der Zeitung liest, sein Regiment sei in Kämpfe verwickelt gegen sogenannte „Insoumis" (nicht unterworfene Volksstämme) im Süden des Departements Oran. Foucauld, seines energielosen Untätigseins überdrüssig geworden, vernimmt den Ruf des Abenteuers. Dabei wird er sich wenigstens nicht langweilen. Er fährt sofort nach Paris zum Kriegsministerium und bittet, von neuem in die Armee aufgenommen zu werden, und zwar als einfacher Spahi.

Es ist nicht bekannt, durch welche Beziehung er erreichte, daß er seinen alten Dienstgrad erhielt. Er wird sofort in den Süd-Oran versetzt. Der spätere General Laperrine, der ihm damals begegnete, schreibt: „Mitten in den Gefahren und Entbehrungen der Expeditionskolonnen entpuppte sich der schöngeistige Lebemann als Soldat und Vorgesetzter, der mit Freuden die härtesten Strapazen auf sich nahm, sich dauernd persönlich einsetzte und mit Hingabe für das Wohl seiner Männer besorgt war. Die ehemaligen Mexikaner des Regiments, erfahrene Leute, bewunderten ihn." Ehemalige Mexikaner, das sind Legionäre, die in Mexiko gekämpft haben; diese und seine früheren Vorgesetzten, die ihn nicht wiedererkennen, sind von Foucauld überrascht.

Was hat Foucauld verändert und ihn bewogen, Mimi und Évian zu verlassen und das Nichtstun aufzugeben? Der Stolz und ein gewisses Ehrgefühl; die Kameraden stehen im Kampf, und er existiert nur, um ein leichtes Leben zu führen. Tag für Tag das gleiche Einerlei. Ja, es ist Stolz dabei, aber vielleicht auch das Bedürfnis nach dem Risiko, das Verlangen, sich der Gefahr zu stellen und sein Leben aufs Spiel zu setzen, ein Leben, das keinen Sinn für ihn hatte.

Was zunächst wie eine neue unüberlegte Tat erscheint, löst außer der Bewunderung durch die hartgesottenen alten Kämpen der Armee noch eine andere Konsequenz aus: Seine Tante Ines Moitessier de Foucauld achtet ihn wieder. Sie wird stolz auf ihren Neffen, und dies bedeutet viel für seine Existenz; es bindet ihn enger an die Moitessiers, seine Tante Ines und seine Cousine Marie.

Eine weitere Folge: Foucauld wurde sich seiner erstaunlichen Fähigkeiten, sich zu wandeln, bewußt und erfuhr die Kehrseite des Sich-gehen-Lassens: Mit einem Schlag vertauschte er die Trägheit mit einem Leben der Bewährung, das Nichtstun und die Passivität mit der Tat. Oberst Lawrence, der 1916 den Aufstand der Araber gegen das Osmanische Reich organisierte, hatte später den sehnlichsten Wunsch, im Zusammenleben mit den Arabern in der Wüste seinen Körper den härtesten Proben zu unterwerfen; darin liegt ein gewisser Genuß, den jetzt auch Foucauld zu erfahren beginnt. Wie andere einer Religion beitreten, so stellt sich dieser Ästhet und Genießer unter die Gebote der Aszese und der Enthaltsamkeit.

Über die Wüste, ihre Faszination und reinigende Wirkung ist schon viel und oft romantisierend gesprochen worden. Auf dem Weg über die Expedition in den Süd-Oran dringt Foucauld in die Wüste ein, und die Wüste nimmt ihn gefangen. Er kehrt zu ihr zurück und wird einmal in ihr sterben. Sein unüberlegter Entschluß, der plötzliche Bruch mit Mimi und einem frivolen Leben schenken ihm die Begegnung mit dieser seltsamen Welt, die ihn wie so viele andere vor ihm mit einem Schlag bezaubert.

Das Abenteuer des Einzelgängers

Charles de Foucauld ist nicht für die Armee geschaffen. Seine Neigung zur Unabhängigkeit und seine eher anarchische Persönlichkeit lieben keine auferlegte Disziplin und bevorzugen eine Disziplin, die man sich selbst auferlegt. Der Feldzug hat ihn zwar begeistert, aber das Leben in der Garnison, das darauf folgt, interessiert ihn nicht. Er hat das Bedürfnis, etwas aus sich selbst heraus zu schaffen, und bevorzugt die großen Räume ohne Grenzen. Er möchte aus seinem Leben das Abenteuer eines Einzelgängers machen, jenseits aller Reglementierungen und Administrationen oder institutionellen Bevormundungen. Schon keimt in ihm ein Plan in den Dimensionen seiner sehnsüchtigen Wünsche: er möchte eine große Forschungsreise unternehmen.

In den achtziger Jahren des vorigen Jahrhunderts errichten die europäischen Staaten im allgemeinen und speziell Frankreich ein riesengroßes Kolonialreich. In Afrika besteht eine Rivalität zwischen Frankreich und Deutschland, das von einer europäischen Politik zur Weltpolitik schreiten möchte. Frankreich jedoch möchte nach dem Verlust von Elsaß-Lothringen unter anderem Rache nehmen, und zwar in Afrika, dem zu Beginn des 19. Jahrhunderts noch beinahe unbekannten Kontinent, der aber um 1900 zu neun Zehnteln kolonisiert sein wird. Der Berliner Kongreß von 1885 wird die verschiedenen Besitzwünsche verteilen und die Einflußzonen abgrenzen; aber bis dahin gibt es einen Wettlauf der Expeditionen. Jeder will dieses oder jenes Gebiet in den Schoß des eigenen Landes heimholen. In Frankreich und Europa entwickelt sich ein imperialistisches Streben.

Besonders lebhaft ist der Wettstreit zwischen Frankreich und Deutschland wegen Marokko, und zwar aus wirtschaftlichen Gründen. Die Gegnerschaft zwischen den beiden Nationen wird mit den beiden Krisen von Tanger 1905 und Agadir 1911 so heftig, daß ein Krieg zu befürchten ist. Und gerade wegen der drohenden Expansion Deutschlands in Afrika kommt es zur Annäherung der beiden traditionellen kolonialen Großmächte Frankreich und Großbritannien und zur Gründung der Entente cordiale.

Es sind die Armeen, welche die Kolonisation abschließen, aber diesen gehen die Forscher als Vorhut voran. Foucauld möchte nicht ein Militär unter anderen sein, er will an der Spitze vorangehen. So faßt er den Plan seiner Forschungsreise nach Marokko. Sein Gedanke ist eine Mischung revanchistischer patriotischer Gefühle gegenüber Deutschland und persönlicher Empfindungen, verwandt jenem Denken, das zu gleicher Zeit Nietzsche unter dem Titel „Der Wille zur Macht" artikuliert.

Marokko ist zum Greifen nah, dieses Land der „Insoumission" zieht ihn an. Es gibt einen weißen Fleck auf der Karte, den er tilgen, jungfräuliche Erde, auf die er seinen Fuß setzen will. Um seinen Plan zu verwirklichen, beantragt er bei der Armee einen Urlaub, der ihm aber abgelehnt wird. Darauf reicht er Ende Januar 1882 sein Entlassungsgesuch ein. Nur neun Monate hat er unter den afrikanischen Chasseurs verbracht, die Zeit, um seinen wahren Plan ans Licht zu bringen.

Bezwingen und sich selbst bezwingen

Wenn Foucauld etwas beginnt, geht er den Dingen auf den Grund. Er vertieft sich in das Studium des Arabischen und berücksichtigt alles, was für eine echt wissenschaftliche Erforschung notwendig ist. Daraus werden achtzehn Monate ernsthafter Studien in Algier. Er ist entschlossen, und das schreibt er seiner Schwester, „den Weg bis ans Ende" zu gehen. „Wer beim Abschied sagt, er wolle etwas tun, soll nicht heimkommen, ohne es getan zu haben." Er nutzt jede Chance: So identifiziert er sich mit jener Gruppe, die ihn möglichst unbemerkt passieren läßt. In Marokko gibt es jüdische Gemeinschaften, daher verkleidet er sich dort als jüdischer Rabbiner, obwohl er in Saint-Cyr der beste Freund des Marquis de Mores, eines bekannten Antisemiten, gewesen ist. Als Jude wird er zudem von den marokkanischen Moslems gemieden. Ein Jahr lang, von Juni 1883 bis Juni 1884 reist Foucauld durch Marokko, in jüdischen Gemeinschaften lebend. Er macht Notizen und Zeichnungen von allen Orten, die er besucht.

Foucauld kehrt nach Paris zurück, besucht Frau Moitessier und seine Cousine Marie de Bondy, die ihn umsorgen und ihn feiern. Nach der Rückreise von Marokko nach Algier hatte er sich von neuem mit Leidenschaft in ein zügelloses Leben gestürzt. Das marokkanische Abenteuer hatte ihn zutiefst erregt: „Es ist hart gewesen, aber sehr interessant, und ich habe gewonnen", schreibt er an einen Freund. In diesen drei kurzen Sätzen ist alles gesagt.

Charles vor seiner Forschungsreise nach Marokko im Jahre 1883

Der Rabbiner Mardachai Abi Serour, der Charles auf seiner Reise durch Marokko begleitete

Skizze von El Golea, die Charles am 12. November 1885 machte

Er will, daß seine Forschungsreise nicht nur als ein aufsehenerregender Streich und als ein Akt des Mutes verstanden werde; er möchte, daß sie etwas nütze, aber auch, daß man ihn dabei beachte. So setzt er sich hin, um das Resultat seiner Reise schwarz auf weiß niederzulegen. Und es wird, wie die Reise selbst, ein Jahr dauern, bis er den Bericht in der Einsamkeit einer Wohnung in der Rue Miromesnil 50 in Paris geschrieben hat. Er lebt dort übrigens wie ein Moslem.

„Es war", sagt er später über dieses Jahr, „ein Leben ernsthaften Studiums, ein unscheinbares Leben, ein Leben in Einsamkeit. Er befindet sich in der Nähe des Stadtpalais in der Rue d'Anjou, wo Madame Moitessier und Marie de Bondy wohnen; das Band zwischen seiner Cousine und ihm hat sich verstärkt.

Ein Bericht über Foucaulds Aufzeichnungen, die er „Marokkanische Erkundungen" genannt hat – der Titel „Erkundung" hat hier einen militärischen Sinn: „eine unbekannte Stellung erkunden" –, wird der „Geographischen Gesellschaft" bekannt, die darauf die erste ihrer Goldmedaillen dem jungen Forscher verleiht. Hervorgehoben werden sein „Mut", die „aszetische Selbstverleugnung" Foucaulds, der „weit mehr als seine Bequemlichkeit opferte, indem er mehr als ein Gelübde der Armut getan und bis zum Ende gehalten hat", sowie die so „nützlichen Ergebnisse", die er erzielte. „Vicomte de Foucauld hat mindestens das Doppelte der sorgfältig erkundeten Reisewege in Marokko zurückgelegt." Foucauld hat die Widerstände überwunden, seinem Land auf ganz persönliche Weise gedient, und das ist seine Ehre. Später wird er bemerken, daß er dies alles „zu seinem Vergnügen" getan hat. Ja, es ist das geheime und zugleich so tiefe Vergnügen des Sieges über sich selbst, der eigenen, allein vollbrachten Leistung, des Ruhms, den er nur sich selbst verdankt.

Februar 1886. Foucauld ist nun siebenundzwanzig. Er kehrt von einer viermonatigen Reise nach Südtunesien und Südalgerien zurück, er hat das hohe Ziel erreicht, das er sich selbst gestellt und das ihm kein anderer aufgezwun-

Selbstportrait von Mademoiselle Titre, mit der sich Charles 1884 in Algir verlobte. Wegen des Widerstands seiner Familie löste er aber bald diese Verbindung

den hatte. Er plante, sich in ein normales Leben einzufügen, indem er sich mit einem jungen Mädchen aus guter Familie verheiraten will. Marie de Bondy glaubt jedoch nicht, daß er sich durch eine Ehe binden läßt, wenigstens nicht im Augenblick. Sie rät ihm davon ab.

Rechts: Als junger Leutnant lebte Charles de Foucauld auf großem Fuß. Seine Freundin Mimi nahm er sogar mit nach Algerien, als sein Regiment dorthin verlegt wurde. Das Bild „Tanz im Moulin Rouge“ (Ausschnitt, Philadelphia Collection Henry P. McKennedy) von Henry de Toulouse-Lautrec kennzeichnet die Atmosphäre und den Lebensstil von Charles in dieser Zeit

Folgende Seiten: Charles de Foucauld wurde auf seiner Forschungsreise durch Marokko von dem Rabbiner Mardachai Abi Serour begleitet, durch den er Einblick in die jüdische Glaubenswelt erhielt. – Jüdisches Silberamulett (17./18. Jh.) mit Darstellung des siebenarmigen Leuchters und dem Schriftzug CHADAI = Gott als Beschützer (Paris, Musée d'art Juif)

Ebenso tiefen Eindruck machte auf den jungen Forscher die Begegnung mit der Welt des Islam. – Kleine Moschee in der Oase El Golea

Innere Wege

Wir sehen Charles vor uns in seiner Wohnung in der Rue de Miromesnil in Paris. Er setzt das Studium der Sprache und der Sitten der Araber fort. Der Islam hat „eine tiefe Erschütterung" in ihm hervorgerufen, wie er später sagte. Er sah die Männer im Gebet, mitten auf der Straße in Algier oder in der Wüste auf den Knien liegend. Das Gottesbild des Islams, der Allerhöchste mit seinem Zug ins Transzendente, verlockt ihn. „Der Anblick dieses Glaubens, dieser Männer, die in der ständigen Gegenwart Gottes leben, ließ mich ahnen, daß es etwas Größeres und Wahrhaftigeres gibt als unsere weltlichen Geschäfte", schreibt er später an seinen Freund Henry de Castries. „Etwas Größeres und Wahrhaftigeres", darin liegt der ganze Foucauld: ein unablässiger Drang, voranzuschreiten zu mehr Größe und Wahrheit. Er hat die Absicht, Moslem zu werden. „Der Islam ist äußerst verlockend. Er hat mich übermächtig verlockt", sagt er weiter zu seinem Freund. Aus welchen Gründen? „Der Islam gefiel mir sehr wegen seiner Einfachheit der Lehre, Einfachheit der Hierarchie und Einfachheit der Moral." Foucauld hat aus Marokko drei vorzügliche Skizzenbücher mitgebracht. Es sind Zeichnungen mit einfachstem Strich. Foucauld liebt diese klare, nüchterne und strenge Linie. Er findet darin sich selbst und sein Bedürfnis, zum Wesentlichen vorzudringen und sich zu entscheiden.

Der Islam läßt ihm keine Ruhe, während er sein Studium betreibt und sich allmählich zum Spezialisten für Nordafrika entwickelt. Häufig besucht er einen berühmten Forscher, Duveyrier, der zwanzig Jahre zuvor noch weiter in den Süden vorgestoßen war und die Sahara erforscht hatte, woraus 1864 ein Buch über die Tuaregs entstanden war. Ein solches Leben, das wissenschaftlichen Arbeiten auf der Grundlage von Forschungsreisen an Ort und Stelle gewidmet ist, gefällt Foucauld gut: Es ist eine Mischung von Aktion und Meditation, die seinem Temperament entspricht.

Außerdem spielt sich dieser Lebensabschnitt in familiärer Atmosphäre ab. Der Elternlose hat wieder ein Zuhause gefunden. Die Moitessiers haben ihn wie ihren eigenen Sohn aufgenommen. Ines Moitessier hält in ihrem Stadtpalais einen berühmten Salon, in dem sie Minister und Gelehrte empfängt, die Broglies und die Buffets. Jeden Sonntag sieht man unter ihren Gästen auch ihren Neffen, der sich seinen Platz bei solchen Empfängen aufgrund des

Links: Die Kirche St-Augustin in Paris. Hier fand Charles de Foucauld mit Hilfe von Abbé Huvelin zum Glauben zurück

Charles Cousine Marie Moitessier, die über dreißig Jahre lang einen großen geistigen Einfluß auf ihren Vetter hatte

Wertes seiner Forschungen erobert hat. Auch während der Woche erscheint Foucauld mehrere Male bei den Moitessiers.

Dort begegnet er auch einem merkwürdigen Priester, zwanzig Jahre älter als er und Vikar von Saint-Augustin, der Pfarrei der Moitessiers. Ehemaliger Schüler der École Normale Supérieure und ausgezeichneter Historiker, lehnt Abbé Huvelin, Priester geworden, jegliche Laufbahn ab. 1875 wird er zum Pfarrverweser von Saint-Augustin ernannt und bleibt es bis zu seinem Tod 1910. Er widmet sich zuerst und vor allem der Predigt und dem Beichthören. Den jungen Menschen hält er Vorlesungen über Kirchengeschichte. Der von vielen aufgesuchte Seelsorger bewohnt ein kleines Appartement neben seiner Kirche. Er führt außerdem einen riesigen Briefwechsel. So verlief das Leben von Abbé Huvelin fünfunddreißig Jahre lang. Er kennt viele Leute aus dem sehr reichen 8. Arrondissement von Paris, aber er hat nichts von einem mondänen Geistlichen. Émile Littré, den Vater des Agnostizismus des 19. Jahrhunderts, besuchte er oft in den Monaten vor dessen Tod 1881. Er kennt jedoch keinen falschen Bekehrungseifer, besitzt aber die Gabe, die langsame Wandlung der Herzen und ihr Geheimnis zu respektieren. Er ist sehr häßlich und dennoch bezaubernd, von schwacher Gesundheit und trotzdem unermüdlich. Von außergewöhnlicher Sensibilität, bringt er dem anderen Verständnis und Teilnahme entgegen, als sei er ein Medium. Trotzdem leidet er persönlich oft unter Traurigkeit und noch mehr unter einer inneren Verlassenheit, einer Art „dunkler Nacht". „Das Licht kommt nur für die anderen zu mir und in dem Maße, wie sie es suchen", sagte er einmal zu Friedrich von

Hügel. Huvelin und Foucauld sind in allem gegensätzliche Naturen: dieser strotzt vor Gesundheit, Kraft und Härte. Jeder Art von Voluntarismus und Organisation abhold, ist Abbé Huvelin ein Mann der feinen Unterscheidungen, den Demütigen und Suchenden stets nahe.

Diesem Mann begegnet Charles de Foucauld zuerst bei seiner Tante und bei seiner Cousine Marie, von denen die eine seine zweite Mutter für ihn geworden ist und die andere eine Schwester und Freundin. Foucauld wird später in einem Gebet vor Gott aussprechen, daß diese familiäre Atmosphäre und vor allem diese beiden Frauen bei der Vorbereitung seiner Konversion von großer Wichtigkeit waren. „Du drängtest sie, mich als den verlorenen Sohn aufzunehmen, den man nicht fühlen läßt, daß er das Vaterhaus jemals verlassen hat. Du hast ihnen die gleiche Güte eingegeben, die ich hätte erwarten können, wenn ich nicht beinahe... Immer mehr schloß ich mich dieser geliebten Familie an... Ich lebte dort in einer solchen Atmosphäre von Tugend, daß mir das Leben zusehends zurückkam; es war der Frühling, der nach dem Winter der Erde das Leben zurückgibt. In dieser milden Sonne waren mein Drang nach dem Guten, die Abscheu vor dem Bösen, die Unmöglichkeit des Rückfalls in gewisse Fehler und die Suche nach der Tugend gewachsen."

Doch bewahren diese beiden Frauen – ohne Zweifel auf den Rat von Abbé Huvelin – ein strenges Schweigen angesichts des inneren Wegs, auf dem sich Charles de Foucauld befindet. Sie schweigen, wie Abbé Huvelin es ihnen vorgelebt hatte, mit einer hohen Achtung vor der Freiheit des anderen, der allein eines Tages über sein Schicksal entscheiden kann.

Abbé Huvelin, Pfarrer an der Kirche St-Augustin in Paris, führte Charles zum Glauben zurück und war dann sein geistlicher Berater

Stoizismus oder christlicher Glaube?

Wenige Jahre zuvor hatte Baudelaire in seinen „Kleinen Gedichten in Prosa" geschrieben: „Man muß sich ohne Unterlaß berauschen. Aber woran? Am Wein, an der Poesie oder an der Tugend. Wie es euch gefällt. Aber berauscht euch." Im Jahre 1886 sehen wir Foucauld auf der Suche bei den Stoikern. Der Mut, den er auf seiner Marokkoreise bewiesen hatte, hat ihn gelehrt, in der antiken „Virtus", der Seelenstärke, einen gewissen Genuß zu finden. Bei dem, was Foucauld „Suche nach der Tugend" nennt, handelt es sich zunächst nicht um „Tugend" im Sinn von ziemlich enger Moral, sondern um einen gewissen männlichen Willen, sich in Ehren über sich selbst zu erheben, seine Leidenschaften und seine Irrtümer in den Griff zu bekommen und durch Akte ungewöhnlichen Mutes sich zu steigern. Er sagt sehr deutlich, daß er in jenem Frühling 1886 „Geschmack an der Tugend, der heidnischen Tugend", gefunden habe. Er holt in gewisser Weise nur theoretisch die Erfahrung nach, die er bereits gelebt hat.

Dieser Drang nach moralischer Größe veranlaßt ihn, schwierige Akte der Aszese zu versuchen. Er bringt es fertig, streng und keusch zu leben, ohne Frauen und Feste, und er begeistert sich sogar daran. Wenn er christliche Autoren wie Bossuet liest, so deshalb, um „Belehrungen über Tugend" zu finden; nach seinen Worten sucht er „Lehren über eine durchaus heidnische Tugend in christlichen Büchern."

Aber das Christentum als solches erscheint ihm noch immer als „eine Torheit". Denn daß der Mensch zur Wahrheit gelangen kann, glaubt er nicht; um so mehr ist er der Ansicht, das Christentum sei wegen seiner Dogmen und seiner Irrationalität weit von der Wahrheit entfernt.

Es ist nicht so sehr Überlegung, die Charles de Foucauld zur Konversion führt, sondern die Herzensgüte einer klugen Frau, die ihn liebt, Marie de Bondy. Ein starkes Gefühl zieht ihn zu ihr; sie gibt ihm viele Zeichen der Zuneigung. Sie ist eine feinsinnige, intuitive Frau mit ebensoviel Verstand wie Herz. Er bewundert und liebt sie. Seinem Freund Henry de Castries schildert er die Entwicklung, durch die er auf die Wege der Konversion gelangte: Vor dieser Frau, die „durch ihr Schweigen, ihre Liebe, Güte und Vollkommenheit" wirkte, die „eine anziehende Atmosphäre verbreitete, die aber nicht handelte", hatte er sich gesagt, daß „diese Religion vielleicht doch nicht absurd" sei. Abbé Huvelin hatte sich einmal geäußert, das Wesentliche einem Menschen gegenüber, der seinen Weg suche, sei nicht „ihm Predigten zu halten, sondern ihm zu bezeugen, daß man ihn liebt". Genau das tut Marie de Bondy.

Nun beginnt ein neuer Abschnitt im Leben Foucaulds: Er geht oft nach

Saint-Augustin und murmelt lange, was er später ein „seltsames Gebet" nennt: „Gott, wenn du existierst, bewirke, daß ich dich erkenne." Und um seinerseits jede Chance zu nutzen, tut er, was er auch getan hatte, als er seine Forschungsreise vorbereitete. Er sucht einen „Taleb", einen „Lehrer", einen „Meister". Diesmal geschieht es nicht für arabische Sprachen und Sitten, er braucht einen „Seelenführer". Eines Morgens Ende Oktober 1886 sagt er dies Abbé Huvelin im Beichtstuhl. Der Priester, stiller Zeuge seines monatelangen Suchens, gibt ihm die einfache Antwort: „Beichten Sie", und dann: „Kommunizieren Sie."

Seine Konversion erfolgt nicht blitzartig und räumt nicht alle Fragen aus dem Wege. „Ich, der so sehr gezweifelt hatte, glaubte nicht alles an einem Tag." Abbé Huvelin drängt keineswegs und läßt die innere Entwicklung sich langsam vollziehen. Seine Hauptaufgabe: Er muß ihn zurückholen, diesen jungen Mann von achtundzwanzig Jahren, voll Ungestüm und Feuer, der sich auf Gott stürzen möchte, wie er sich in die Ausschweifungen und in den Willen zur Macht gestürzt hatte. Ein dynamischer Priester hätte Foucauld gedrängt. Doch Abbé Huvelin meidet radikalisierende Methoden; für ihn besteht das christliche Leben in einem sehr einfachen Leben des Glaubens, das sich im Alltag zu bewähren hat. Dies ist das Gegenteil jener Schwärmerei, der Foucauld jahrelang nachgelaufen war und die er jetzt auch auf religiösem Gebiet hätte anwenden können. Es besteht kein Zweifel, der Einfluß von Abbé Huvelin auf Foucauld war entscheidend und bewahrte ihn davor, sich in mystizistische Überaktivitäten zu verirren.

Der lange Weg Foucaulds von seiner Konversion bis zu seinem Tod – es sind genau 30 Jahre – ist nicht der Vollzug eines Programmes, das ein für alle Male festgelegt war: die Selbstbezwingung und die Bezwingung der anderen. Die Wege und die Umwege, seine ganze Entwicklung werden ziemlich zusammenhanglos und sehr überraschend verlaufen. Es wurde daraus genau das Gegenteil von dem, was Foucauld war, ein Mann des genauen Plans, den man beschließt und buchstäblich bis zum Ende verwirklicht.

Geduld, Geduld

Foucauld, der alles immer ganz tut, geht mit seiner Konversion bis zum Äußersten; er will „nur für Gott leben". Er, der bisher die ersten Plätze suchte, ist jetzt entschlossen, mit verhängten Zügeln möglichst den letzten zu erhalten. In seinen Augen ist es am besten, sich im verlorensten, strengsten Trappistenkloster einzuschließen und dort, völlig vergessen, wie der letzte Laienbruder seine Tage zu beschließen. Foucauld will dieses Kloster sofort suchen und gleich eintreten.

Abbé Huvelin lehrt ihn Geduld – das ist nicht leicht. Um dahin zu gelangen, zeigt er ihm, daß das Wesentliche des Christenlebens nicht darin besteht, sich an einem finsteren Ort einzuschließen oder große Taten zu vollbringen, sondern daß das Evangelium uns auffordert, „alles in die Liebe einzuschließen". Und was den letzten Platz betrifft, so gibt es immerhin einen, den er weder einholen noch überholen kann: Jesus selbst. „Jesus hat den letzten Platz so fest eingenommen, daß ihn niemand ihm wegnehmen kann."

Abbé Huvelin hat ihm geraten, zunächst ein ganz gewöhnliches Leben zu führen. Foucauld setzt also seine wissenschaftlichen Arbeiten fort, liest die Evangelien, hält Betrachtungen und führt mit seinen Verwandten ein normales Familienleben. Ein schweres Leben, wenn er Abbé Huvelin gehorchen will, denn Foucauld wird noch immer von seinen alten Dämonen versucht. Nicht des Fleisches, sondern des Geistes, des Willens zur Macht, der versucht, „Herr seiner selbst wie des Universums" zu werden, und der darauf zielt, die menschlichen Gefühle zu verwirren, in denen er ziemlich zweitrangige, wenn nicht verächtliche Realitäten sieht. Huvelin lehrt ihn, Menschlichkeit gegen sich selbst wie gegen den andern zu üben, Milde gegen sich selbst, Güte und Anteilnahme für den andern.

Huvelin scheint besonders deutlich am Werk, wenn man sich Foucaulds Zartgefühl in einem bestimmten Fall vergegenwärtigt: bei seinen Beziehungen zu seiner Cousine Marie. Er hat wohl bemerkt, wie sehr diese beiden jungen Menschen in echter Freundschaft und Liebe miteinander verbunden sind. Foucauld möchte dieses Gefühl auf dem Altar Gott zum Opfer bringen. Huvelin rät jedoch ab. Um ihm Gelegenheit zu geben, die Menschlichkeit Christi aus der Nähe zu erleben, schickt Huvelin ihn auf eine Pilgerfahrt ins Heilige Land. Diese Reise dauert von November 1888 bis Februar 1889. Sie hat einen bedeutsamen Einfluß auf Foucaulds Leben. Er sagt es später immer wieder. Warum? Der Besuch jener schlichten Orte, an denen Jesus einst lebte, bewirkte in ihm das Abrücken von seinen früheren Vorstellungen von Tugend und Größe, indem sie ihm viel besser die Menschlichkeit Jesu und seine geschichtliche Eingliederung zeigten. Er setzt seine Füße in die Fußstapfen Jesu, sucht seine Spuren, manchmal sogar ganz naiv. So wird daraus eine ganz andere Forschungsreise als die nach Marokko.

Begegnung mit Nazaret

Auf der langen Pilgerreise ist es ein Ort, an dem Foucauld eine Erschütterung erlebt: Nazaret. Wie ein Blitzschlag trifft ihn dort die Erkenntnis vom armen Leben Jesu, „das ich geschaut und erahnt habe, als ich die Straßen von Nazaret durchwanderte, die einst die Füße unseres Herrn, des armen Handwerksgesellen, berührten".

Zwei Jahre liegen zwischen der Stunde seiner Konversion in Saint-Augustin und der Begegnung mit dem Leben in Nazaret, zwei Jahre des Forschens an der festen Hand von Abbé Huvelin, der ihn vor allzu schnellen Entscheidungen bewahrt. Aber jetzt, wo die große Erleuchtung – das Leben im Geist von Nazaret – über ihn gekommen ist, beginnt für Charles de Foucauld eine unaufhörliche Suche, die sein ganzes Leben dauern wird: Wie ist dieses Leben konkret zu führen? Sein Gebet wird ein dauernder Schrei zum Herrn: „Was willst du, daß ich tue?" Aber Gott schweigt. So ist er nun einmal, so groß ist seine Achtung vor der Freiheit des Menschen. Mit unvermindertem Eifer wird Foucauld immer zu verwirklichen suchen, was er in Nazaret „geschaut" hat.

Das monastische Leben scheint ihm der Ort, an dem er in der Nachfolge Jesu von Nazaret der Ärmste sein kann. Es zieht ihn zu den Trappisten; Abbé Huvelin gibt den Benediktinern mit ihrer milderen Regel den Vorzug. Wir besitzen seinen Empfehlungsbrief an den Abt von Solesmes: „Vicomte Charles de Foucauld, der Überbringer dieses Briefes, ist ein ehemaliger Offizier, ein mutiger Reisender durch Marokko und eifriger Pilger im Heiligen Land, ein vollendeter Gentleman und guter Christ, der den sehnlichen Wunsch hat, in ein Kloster einzutreten. Schon lange beobachte ich seine Neigungen; es drängt ihn zum monastischen Leben. Er hat das Bedürfnis, es zu praktizieren; seit Monaten ist er dabei, sich darin einzuüben ... Ich habe ihm geraten, es einige Tage in Solesmes zu leben, und deshalb bitte ich Sie inständig, Hochwürdigster Herr, ihm die Möglichkeit zu geben, unter Ihren Mitbrüdern zu leben. De Foucauld ist mir seit Jahren bekannt: Er ist sich seiner Sache absolut *gewiß*, und seine Berufung scheint mir durchaus ernsthaft, wenn nicht für Solesmes, dann doch für eine andere monastische Familie."

Hatte man in Solesmes Angst vor einem solchen Original? Dachte man an eine gewisse Tradition, nach der ehemalige Soldaten bevorzugt zu den Trappisten gingen? Solesmes verweist ihn an La Trappe de Soligny im Departement Orne. Er denkt mehr und mehr an den Trappistenorden. Abbé Huvelin hat einen guten Freund, Dom Chautard, in La Trappe d'Aiguebelle. Von dort gründete man ein Kloster im Departement Ardèche, das höchstgelegene und strengste in Frankreich: Notre-Dame des Neiges. Dieses Trappistenkloster

Das Trappistenkloster Notre Dame d'Akbes in der Türkei, wohin sich Charles 1890 von Frankreich versetzen ließ

hatte in Akbès in Syrien, also an der Grenze von Palästina, ein ganz armes Priorat gegründet. Dorthin zieht es Foucauld.

Im Oktober 1889 begibt er sich nach Notre Dame des Neiges. Um seine Prüfungen zu ergänzen, nimmt er an Exerzitien bei den Jesuiten von Clamart teil. Anfang Dezember schreibt er an seine Schwester: „Gestern bin ich von Clamart zurückgekehrt. Im Bewußtsein einer großen Gewißheit und eines inneren Friedens habe ich schließlich nach dem ausdrücklichen und uneingeschränkten Rat des Paters, der mich geführt hatte, den Entschluß gefaßt, an den ich schon seit langem dachte: in den Trappistenorden einzutreten. Das ist also jetzt eine beschlossene Sache, daran dachte ich seit langem; ich war in vier Klöstern. Bei den vier Exerzitien hat man mir gesagt, daß Gott mich rufe und daß er mich zu den Trappisten rufe. Meine Seele drängt mich dorthin, mein geistlicher Führer ist der gleichen Ansicht."

Da Foucauld so sehr darauf beharrt, aber dennoch gleichsam widerwillig, gibt Abbé Huvelin seine Zustimmung. Foucaulds Opferwille ist von einer solchen Stärke, daß man von innerem Frieden nicht sprechen kann. Er hat ungestüm danach gesucht, welches Opfer am größten wäre, das er Gott anbieten könnte. Welches ist es? In einem Gebet wird er es später so ausdrücken: „Es war das Verlangen, dir ein möglichst großes Opfer darzubringen, indem ich meine Familie verließ, die mein ganzes Glück war, und weit fort ging, um in der Ferne zu leben und zu sterben."

Vor fünf Jahren hat er wieder eine Familie gefunden, und nun trennt er sich von ihr; es ist eine Art seltsamer Wiederholung seines Zustands als Waise mit fünf Jahren. Er will eine Mutter verlassen, aber auch Abbé Huvelin, der, wie er oft sagt, wahrhaft sein zweiter Vater geworden ist.

Für Charles de Foucauld bedeutet dies eine furchtbare Trennung. Sofort nach seiner Ankunft in Notre-Dame des Neiges schreibt er an Marie einen Brief, in dem er sein ganzes Leid ausdrückt: „Meine Augen werden Ihre nie mehr sehen." „In der Vergangenheit waren wir so wenig getrennt; wie können wir es so ganz in Zukunft sein? Aber das ist die Wahrheit, ich weiß es, ich will es, und doch kann ich es nicht glauben."

Er versenkt sich in sein Leiden: „Ich bitte Ihn aus ganzem Herzen, meinen Schmerz zu vermehren, wenn ich eine noch größere Last ertragen kann, damit Er ein bißchen mehr getröstet werde und Seine Kinder ein bißchen mehr Gnade erhalten." „Man muß Kraft aus der Schwäche ziehen, sich für Gott dieser Schwäche bedienen, Ihm für diesen Schmerz danken und ihn Ihm als Opfer darbieten."

Die willensbetonte Haltung Foucaulds und die Verwundung, die seit seiner Kindheit als Waise in ihm lebt, helfen ihm um so mehr, an jener etwas romantischen Spiritualität des 19. Jahrhunderts teilzunehmen, deren Wesen darin besteht, das Herz Jesu zu trösten, das durch die Sünden der Menschen beleidigt wird, und mit Christus zu leiden, um mit ihm zu sühnen. Es ist die Zeit, da der Maler Desvallières einen blutüberströmten Christus an der Geißelsäule zusammengebrochen darstellt. Foucauld ist überzeugt, daß Gott diesen Schmerz verlangt: „Er möge ihn verringern, wenn er nicht Seiner Ehre und Seinem Willen dient; aber ich bin sicher, daß Er ihn will." Sein Wille, soviel wie möglich zu leiden, erfaßt alle Gebiete: Wenn, wie er sagt, „die materielle Seite des Lebens (ihn) bisher nicht die Spur eines Opfers gekostet hat", so wünscht er jetzt geradezu begierig, daß die Lebensbedingungen bei den Trappisten streng und hart seien. Als der Papst 1893 den Trappisten erlaubt, Butter und Öl beim Kochen zu verwenden, empört er sich: „Wo soll das enden, auf welcher schiefen Ebene sind wir angelangt?" Er sieht darin eine Verfallserscheinung. Denn die Strenge ist für ihn eine Art unerläßlicher Disziplin.

Das Wesentliche jedoch ist das Leiden des Herzens. Er möchte nach Syrien geschickt werden, weil das Priorat arm ist, aber vor allem, um sich von den Familienbanden zu lösen. Wenige Tage vor der Abreise im Juni 1890 bekennt er Marie: „Ich kann Ihnen nicht sagen, daß ich in diesen Tagen nicht traurig sei. Es wird mir schwer, sehen zu müssen, wie das Ufer sich entfernt."

Am 27. Juni läuft das Schiff von Marseille nach Alexandrien aus. Am Vorabend schreibt er Marie: „Ich sehe mich schon auf dem Schiff, das mich morgen davonträgt, es kommt mir vor, als spürte ich schon jede einzelne Träne, die mich von Ihnen entfernt. Mir scheint, meine letzte Zuflucht wird der Gedanke sein, jede bedeute einen Schritt dem Ende des Lebens entgegen." Dieser Abschied ist für ihn endgültig: „Ich werde meine Tage unter einem anderen Himmel beenden."

„Wir gehören nicht zu den Armen ..."

Das Priorat Notre-Dame du Sacré-Cœur in Akbès liegt in einem Tal von 600 m Meereshöhe. Foucauld, der als Trappist den Namen Bruder Marie-Albéric angenommen hat, beschreibt es seiner Schwester: „Baracken mit Wänden aus Brettern und Weiden und mit Strohdächern. Vor acht Jahren hat sich hier eine Gruppe von zwanzig Trappisten niedergelassen; sie haben etwa zwanzig Waisenkinder von fünf bis zwanzig Jahren aufgenommen, katholische Armenier, deren Eltern während den Verfolgungen durch die Türken starben."

Die Trappisten widmen sich der Feldarbeit; um ihr Land zu nutzen, beschäftigen sie aber noch etwa fünfzehn Arbeiter, Leute aus der Gegend, was Foucauld jedoch nicht billigt. Drei Monate nach seiner Ankunft schreibt er an Abbé Huvelin: „Für die Reichen sind wir arm, aber nicht so arm, wie Unser Herr es war, nicht so arm wie ich in Marokko, nicht so arm wie der heilige Franziskus."

Ja, Foucauld ist von Akbès ebensowenig befriedigt, wie er es zuvor von Notre-Dame des Neiges war. „Ich habe in Notre-Dame des Neiges nie, auch nicht in den ersten Tagen, mein Ideal gefunden", schreibt er Jahre später.

Er lebt mit einem kompromißlosen Willen zu radikaler Armut oder, anders gesagt, mit dem Plan eines unerreichbaren Ideals. Hier in La Trappe fühlt er sich von Anfang an nicht wohl. Trotzdem verfolgt er sein Ziel. Nach seinem Noviziat legt er am 2. Februar 1892 die einfachen Gelübde ab. An diesem Tag ist er glücklich, glücklich wie bei seiner Rückkehr von Jerusalem. Er hat einen Akt der vollkommenen Hingabe an Gott vollzogen, und die Kirche hat sein Gelübde, alles zu opfern, angenommen. Dieser Schenkung ließ er mehrere bezeichnende Zeichen vorangehen: Austritt aus der Geographischen Gesellschaft, Vermächtnis des ganzen Inventars in seiner Pariser Wohnung an seine Schwester, Rücktritt als Reserveoffizier: „Den Dienstgrad, das kleine Vermögen – das alles würde ich am liebsten zum Fenster hinauswerfen."

Im Oktober 1892 ist Generalkapitel der Trappisten. Leo XIII. gewährt Erleichterungen, die gar nicht dem Geschmack Foucaulds entsprechen. Er hört von Plänen, die man mit ihm hat, unter anderem, ihn zum Priester zu weihen und ihm Verantwortungen zu übertragen. Außerdem gibt es da noch die Feldarbeiten und den Bau einer Straße, wofür Arbeiter eingestellt wurden. Ein anderer Fall: „Ich bekam den Auftrag, bei einem armen katholischen Arbeiter zu beten, der im benachbarten Dorf gestorben war. Welcher Unterschied zwischen dessen Haus und unseren Wohnungen! Ich sehne mich nach Nazaret!"

Nein, das ist bestimmt nicht das, was er suchte, das ist nicht seine Berufung, das ist nicht Nazaret. Bei solchen Enttäuschungen, und weil er nirgends gefunden hat, was er wünschte, wächst in ihm sehr schnell der Plan, selbst etwas Neues zu gründen, das seinen Wünschen entsprechen würde.

Das Leben von Nazaret

Dieser Mann von fünfunddreißig Jahren, der vor sieben Jahren konvertierte, hegt in sich die genaue Vorstellung einer Existenz, die eine Wiederholung des Lebens Jesu von Nazaret werden soll. Gleichzeitig lebt in ihm eine tiefe Unzufriedenheit und eine gewisse Unfähigkeit, sich einem institutionellen Rahmen einzuordnen. Als er Évian verließ und wieder in die Armee eintrat, sah man ihn an der Spitze seiner Männer; aber kaum waren die Kämpfe beendet, konnte er das alltägliche, von Disziplin bestimmte Leben, wie es bei den Soldaten nun einmal ist, nicht weiterführen. Damals entstand in ihm der Plan einer Forschungsreise nach Marokko, ein sehr persönliches und auf ihn allein gestelltes Unternehmen. So ist es auch hier: das geregelte und institutionalisierte Leben eines Trappisten liegt ihm nicht. Und sehr schnell entdeckt er die Nachteile dieser klösterlichen Lebensart im Vergleich zu dem, wovon er geträumt hatte. Foucauld ist ein Außenseiter.

Von jetzt an stellt er sich vor, was das ersehnte Leben, das Leben von Nazaret, sein könnte. Er ist im Trappistenkloster und ist es doch nicht – oder er ist es schon nicht mehr. Seine Briefe, vor allem an Abbé Huvelin, sprechen bruchstückweise aus, was er verfolgt.

Zuerst müßte die Kongregation, die er gründen möchte, für die Armen dasein. Die Unterscheidung, die in den monastischen Klöstern zwischen „Handwerkern" und „Intellektuellen" besteht, lehnt er ab. Jeder kann bei einer Handarbeit eingeordnet werden wie Jesus, der „mit seinen Händen gearbeitet hat".

Außerdem sollen die Klöster nicht landwirtschaftliche Unternehmen, sondern kleine Gemeinschaften werden: „Die vielen Klöster erhalten beinahe notwendigerweise eine materielle Bedeutung." In Nazaret ist es das Gegenteil. Man braucht keine großen Gebäude, auch nicht viele Ländereien; im übrigen sollen Gebäude und Ländereien gemietet werden. Auf jedes Eigentum, sei es kollektiv oder individuell, ist absolut zu verzichten. Für die Gemeinschaft bedeutet dies, ausschließlich von der Handarbeit ihrer Mitglieder zu leben: Spenden und Hilfsmittel von außen kommen nicht in Frage.

Dazu: Man muß „alles teilen, indem man strikt von einem Tag zum andern lebt, und auf soviel wie möglich verzichtet."

Da die kleine Klostergemeinschaft aus Arbeitern besteht und diese alle die gleichen Voraussetzungen mitbringen, seien es armenische Handwerker, die in La Trappe beschäftigt sind, oder Europäer, sollte die Liturgie allen angepaßt werden. Foucauld findet die Liturgie des heiligen Benedikt „kompliziert" und den Arbeitern ohne Vorbildung nicht gemäß. Und anstatt ihnen eine längere sachliche Einführung zum Verständnis dieser Liturgie zu bieten, findet Foucauld, müsse man diese durch einfache Gebete und die Messe ersetzen: „Unsere Liturgie schlägt die Klosterpforte vor den Arabern, Türken, Armeniern usw. zu, die gute Katholiken sind, aber von unseren Sprachen nicht ein Wort verstehen." Daher: „Wir beten am Morgen und am Abend vor dem ausgesetzten Allerheiligsten; der Tag gehört der Arbeit."

Schließlich möchte Foucauld, daß diese Gemeinschaften universal seien; daß man sie überall gründen könne, „vor allem in den ungläubigen Ländern", und daß man sie überall leicht, ohne große Bemühungen um Angleichung, errichten könne.

Ein revolutionärer Plan aus der Sicht der bestehenden Kongregationen. Ein großartiger Plan. Foucauld findet für sein Vorhaben keinen anderen Vergleich als Franz von Assisi selbst, der seine armen Brüder aussandte, die auf die Straßen gingen, um zu predigen wie Jesus in Galiläa und Judäa. Foucauld möchte mit seiner Gründung „das verborgene Leben unseres Herrn wiederholen, wie der heilige Franz von Assisi es mit seinem öffentlichen Leben getan hat."

Drei Jahre lang, von 1893 bis 1896, greift Foucauld diesen ursprünglichen Gedanken immer wieder auf und entwickelt seine große „Sehnsucht" – das Wort kehrt oft wieder. „Wir wollen nie das Geld von einer Woche zur andern aufbewahren." „Wie soll die Arbeit sein? Wie bei der ärmsten Klasse eines Landes." „Eine Arbeit, die leicht zu verrichten ist, so daß sie von Fortgeschrittenen und Ungebildeten, Starken und Schwachen ausgeführt werden kann." „Gebildete und Unwissende, Junge und Alte, Priester und Laien sollen unterschiedslos aufgenommen werden." „Es darf keinen Unterschied geben zwischen Patres, Fratres und Laienbrüdern. Alle sollen gleich sein, und alle sollen Brüder heißen." Wo sollen sie wohnen? Vor allem in den „Vorstädten", „dort, wo die Armen wohnen"!

Im Juni 1896 faßt er das Ganze seines Projektes zusammen und schickt Abbé Huvelin die „Regel", die er daraus erstellt hat. Im gleichen Augenblick, da er sie abschließt, werden Armenier bei Akbès von Türken massakriert. Jene aber, die von Notre-Dame des Neiges kamen, bleiben vor den Mördern geschützt. „Die Europäer werden von der türkischen Regierung geschützt." „Man hat sogar einen bewaffneten Posten vor unsere Pforte gesetzt." Für Foucauld bedeutet schon der Gedanke, einen solchen Vorzug zu genießen, während Christen nebenan als Märtyrer sterben, eine unendliche Qual.

„Stellen Sie keine Regel auf, ich flehe Sie an. Ihre Regel seine ist absolut unpraktikabel! Einst zögerte der Papst, der franziskanischen Regel Zustimmung zu geben. Er fand sie zu streng. Aber Ihre Regel! Sie hat mich wahrhaft erschreckt." Man versteht, daß Abbé Huvelin erschrocken war beim Lesen dieser zwar rigorosen, aber unerschütterlich konsequenten Regel. Foucauld ist wirklich ein großer Narr Gottes, der das Evangelium buchstäblich verwirklichen will.

Abbé Huvelin würde zwar zulassen, daß Foucauld die Regel, die er in die Tat umsetzen möchte, persönlich „an der Pforte einer Gemeinschaft" lebe, aber nicht als Gründer und Meister einer Gruppe, die er nach den Grundsätzen und Folgerungen dieser Regel organisieren würde.

Foucauld teilt den Trappisten seinen Wunsch mit, den Orden zu verlassen, um als Armer in der Nähe eines Klosters zu leben. Seine Oberen schicken ihn darauf zwei Jahre nach Rom zum Studium der Theologie. Am 30. Oktober 1896 trifft er dort ein, auf den Tag genau zehn Jahre nach seiner Konversion in Saint-Augustin.

„Meine Wünsche haben sich keineswegs geändert, sie sind so fest wie je, aber ich gehorche in aller Einfachheit, mit unendlicher Dankbarkeit und Vertrauen, daß am Ende dieser langen Prüfung der Wille Gottes sich ganz klar offenbare." In den Betrachtungen, die er nun niederschreibt, bricht seine Hoffnung sogar mitten in der Nacht, in der er sich befindet, hervor: Jetzt ist er dort, wo, wie er glaubt, seine Berufung nicht ist. Aber er gehorcht. Am folgenden 2. Februar soll er normalerweise seine ewigen Gelübde ablegen und damit endgültig dem Trappistenorden angehören: „Dies ist die Zeit", schreibt er einige Tage zuvor, „wo Jakob unterwegs ist, arm, allein, wo er auf der nackten Erde schläft, in der Wüste, um Ruhe zu finden nach langer Wanderschaft zu Fuß, es ist die Zeit, wo er sich in der traurigen Lage des einsamen Reisenden auf einem langen Weg in fremdem und rauhem Land befindet, ohne Dach über dem Kopf; in diesem Augenblick, in so trauriger Lage überhäuft ihn Gott mit unvergleichlichen Gnaden."

Foucauld ist dieser arme Mann Jakob, ein einsamer Wanderer in der Wüste, ohne Licht, ohne Haus. Er wartet. Er hofft. Er ist sogar bereit, sich zum Priester weihen zu lassen, wenn es ihm befohlen wird. Aber am Abend des 23. Januar 1897 ruft ihn der Generalobere der Trappisten, Dom Sébastien Wyart, zu sich und fordert ihn auf, seinem Wunsch zu folgen, der ihn drängt, das Leben von Nazaret zu beginnen. Er bittet ihn, diese Entscheidung Abbé Huvelin mitzuteilen. Dieser gibt ihm den Rat, ins Heilige Land zu reisen, „nach Kapernaum oder Nazaret, in ein Franziskanerkloster – nicht ins Kloster selbst, nur in seinem Schatten –, bittend um Teilnahme an den Sakramenten und die Armut lebend ... an der Pforte."

In Nazaret

Am 17. Februar geht Foucauld in Brindisi an Bord; am 24. verläßt er das Schiff in Jaffa, wie ein Bettler gekleidet – Hose aus blauer Baumwolle, lange blau- und weißgestreifte Jacke mit Kapuze, auf dem Kopf ein Turban und Sandalen an den Füßen. Wie vor fünf Jahren beginnt er die gleiche Pilgerreise zu Fuß: nach Betlehem und Jerusalem, dann folgen Samaria, schließlich Galiläa. Am 5. März erreicht er Nazaret und übernachtet bei den Franziskanern. Am nächsten Morgen geht er zu den Klarissen – es ist der Geburtstag ihrer Gründerin – und betet lange in ihrer Kapelle. Die Schwester Sakristanin beobachtet ihn, da sie ihn für einen Dieb hält. Ein Franziskaner spricht mit der Äbtissin, und diese stellt Foucauld als Hausdiener ein.

Er bewohnt eine kleine Hütte, wo sonst Geräte aufbewahrt werden. Er versucht sich in jedem Handwerk, vom Zimmermann bis zum Maurer. „Ich bin Diener und Knecht einer kleinen Ordensgemeinschaft." Er ist glücklich.

Die Betrachtung der Bibel nimmt ihn täglich mehrere Stunden in Anspruch, und wie Abbé Huvelin ihm empfahl, schreibt er seine Kommentare dazu. Seine Aufzeichnungen, die er oft auf den Knien vor dem Allerheiligsten niederschreibt, sind eine Folge von sehr einfachen und schlichten Gedanken. Oft spricht er von seinem Wunsch, sich ganz den Händen von Gottvater anheimzugeben. So heißt es bei der Betrachtung über das Wort Christi am Kreuz: „Vater, in deine Hände empfehle ich meinen Geist": „Vater, ich empfehle mich in deine Hände. Vater, ich übergebe mich dir, ich vertraue mich dir an. Vater, mache ganz mit mir, wie es dir gefällt. Was immer du mit mir tust, ich danke dir. Danke für alles. Ich bin zu allem bereit. Ich nehme alles an. Ich danke dir für alles. Wenn dein Wille an mir geschieht, wenn dein Wille an allen deinen Kreaturen geschieht, an allen deinen Kindern und an

Die Einsiedelei von Bruder Charles, eine Bretterhütte im Bereich des Klarissenklosters von Nazareth

allen, die dein Herz liebt, so wünsche ich nichts anderes, mein Gott. Ich lege meine Seele in deine Hände. Mein Gott, ich übergebe sie dir mit der ganzen Liebe meines Herzens, weil ich dich liebe und weil meine Liebe mich drängt, mich ganz in deine Hände zu empfehlen. Ich empfehle mich mit unendlichem Vertrauen, denn du bist mein Vater."

Er beteuert dabei beständig seinen Willen, dem Leben Jesu von Nazaret möglichst genau nachzufolgen. So schreibt „Bruder Charles" – unter diesem Namen kennt man ihn in Nazaret – am 11. November 1897: „Mein Jesus, wer aus Liebe zu dir nicht länger dulden kann, reicher zu sein als sein Geliebter, der ist bald arm ... Mein Gott, ich weiß nicht, ob es manchen möglich ist, dich zu schauen und freiwillig reich zu bleiben und sich für größer zu halten als ihren Meister und Geliebten, und dir trotzdem nicht in allem gleichen zu wollen, soweit es von ihnen abhängt, und vor allem in deiner Erniedrigung. Ich möchte so gerne, daß sie dich lieben, mein Gott, und doch glaube ich, daß ihrer Liebe etwas fehlt, aber auf jeden Fall kann ich die Liebe nicht begreifen ohne ein Bedürfnis, ein zwingendes Bedürfnis nach Gleichförmigkeit, nach

Übereinstimmung und vor allem nach Teilhabe mit allen Schmerzen, allen Schwierigkeiten und Nöten des Lebens."

Er erledigt für die Klarissen Besorgungen in der Stadt, dabei wird er wegen seiner Aufmachung zum Gespött der Gassenjungen. Die niedrigsten Arbeiten stoßen ihn nicht ab. Er möchte bis zum Tod hier leben. Ein Wunsch bleibt allerdings seit den Massakern von Akbès in ihm lebendig: an Pfingsten 1897 hatte er geschrieben: „Stelle dir vor, daß du als Märtyrer sterben mußt, von allem beraubt, am Boden liegend, nackt, verachtet, von Blut und Wunden bedeckt, mit Gewalt, unter Schmerzen getötet... und wünsche, daß es noch heute geschehe... Damit ich dir diese unendliche Gnade erweise, sei treu im Wachen und Kreuztragen. Bedenke, daß dein ganzes Leben auf einen solchen Tod hinauslaufen muß." Auch wenn er in diesem eigentümlichen Nazaret Fuß gefaßt hat und dabei ein striktes Inkognito und viel Zurückhaltung bewahrt, so fühlt sich Bruder Charles dennoch von Gewissensbissen gepeinigt im Wunsch, die andern die Milde Jesu und seiner Botschaft zu lehren. Er fügt seinem Gebet unablässig eine universale Dimension hinzu: „Ich muß ins gesamte Universum eingehen durch meine Gebete, die alle Menschen umfassen sollen"... „Unser Herz muß alle Menschen umfassen wie das Herz Jesu."

Am 15. September 1898 wird er vierzig Jahre alt. An seinem Geburtstag ist er gerade in Jerusalem; die Äbtissin von Nazaret gab ihm den Auftrag, der Äbtissin der Klarissen von Jerusalem einen Brief zu überbringen. Diese möchte den Hausburschen prüfen, von dem sie soviel Gutes gehört hat. Sie fragt ihn gründlich aus, und es gelingt ihr, ihn über das zum Sprechen zu bringen, was ihn dauernd im Innersten bewegt: der Wunsch, eine Kongregation zu gründen, die das Leben von Nazaret zum Ziel hat. Die Äbtissin rät ihm, in Jerusalem zu bleiben und dort Gefährten um sich zu sammeln. Sie schickt ihn sogar nach Akbès, wo ein junger Mann, Pierre, ihm vor zwei Jahren gesagt hat, er würde ihm gerne folgen. Foucauld fährt auf dem Schiff nach Akbès. Doch möchte Pierre seine Mutter nicht verlassen, und Foucauld

Rechts: Das Trappistenkloster Notre Dame des Neiges (heutige Ansicht), wo Charles 1890 als Mönch eintrat

Folgende Seiten: Das Leben von Nazareth in der Nachfolge des Herrn war das Lebensziel Bruder Charles, dessen ideale Verwirklichung er zunächst im Umkreis von Nazareth und Jerusalem suchte. – Ansicht von Nazareth auf einem Holzkasten, in dem Charles seine wenigen persönlichen Besitztümer aufbewahrte.

Als Einsiedler in der Sahara fand Bruder Charles dann die Erfüllung dieses Lebensziels. – Sanddüne bei Beni Abbès.

Nazareth

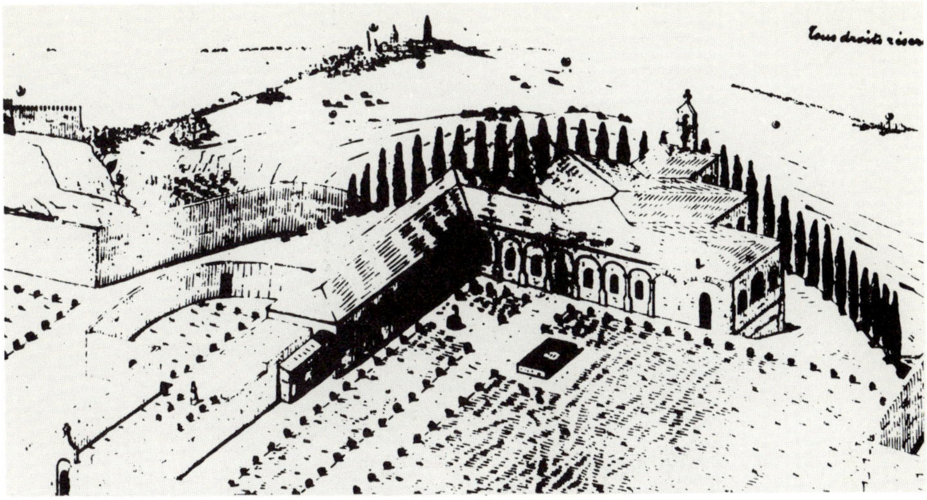

Das Klarissenkloster in Jerusalem. Zeichnung von Bruder Charles aus dem Jahre 1898

kehrt allein ins Heilige Land zurück, bleibt aber diesmal in Jerusalem, wo er von neuem Hausbursche bei den Klarissen wird. Die Äbtissin überzeugt ihn, daß es für ihn leichter werden würde, einen Orden zu gründen, wenn er Priester wäre. Darauf schreibt er an Abbé Huvelin: „Woran ich im geheimen denke, ohne es mir selbst zu gestehen, ohne es mir zu erlauben, wobei ich diesen Gedanken, der mir unaufhörlich in den Sinn kommt, zurückweise, was ich gerade Ihnen sage, weil Sie die letzten Gründe meiner Seele kennenlernen sollen, wovon ich unwillkürlich träume, das ist eine sehr einfache Sache mit wenigen Leuten und gleicht den ersten ganz einfachen Gemeinschaften aus den Zeiten der Urkirche..." In Jerusalem lebt er als Einsiedler. Er verläßt seine Zelle nur, um zur Kapelle zu gehen. Er hat keine Arbeit. Aber er redigiert im Januar 1899 eine neue „Regel".

Nach einem Aufenthalt von vier Monaten in Jerusalem kehrt er nach Nazaret zurück und beginnt im Juni 1899, eine neue lange Regel für die zu gründende Kongregation zusammenzustellen, die er „Eremiten vom Herzen Jesu" nennt. „Ich warte", schreibt er im März 1900 an Abbé Huvelin, „Gott selbst hat mich hierher geführt. Wenn Er will, daß ich fortgehe – wennn Er es überhaupt will, was mir nicht gewiß erscheint –, wird Er es mir, verehrter Vater, durch Ihre Stimme klar anzeigen – oder eben durch die Ereignisse."

Links: Bruder Charles errichtete seine Einsiedelei in Beni Abbès und später in Tamanrasset mit eigenen Händen. Er malte auch den Christus für seine Kapelle in Beni Abbès und fertigte die Altarleuchte (heute in der Obhut der Kleinen Schwestern in Rom)

Charles de Foucauld im Jahre 1900 mit seinem Neffen Charles de Blic, den er bei einem Besuch bei seiner Schwester Marie auf Schloß Barbirey kennenlernte

Aber was er auch sagt, er ist ungeduldig. Das veranlaßt ihn, sich auf eine unerquickliche Geschichte einzulassen. Er hört, der vermutliche Berg der Seligkeiten, der den Türken gehört, sei zu verkaufen. Foucauld möchte ihn um jeden Preis erwerben und ihn zum Zentrum seiner Ordensgründung machen. Er schreibt seiner Familie und bittet um Geld. Die Äbtissin von Jerusalem drängt ihn, nach Paris zu reisen, um für die Klarissen zu sammeln und bei dieser Gelegenheit Abbé Huvelin zu besuchen. Sie hat sich das alles so ausgedacht: Er wird seine Priesterweihe beantragen, sich in Notre-Dame des Neiges vorbereiten, dann auf den Berg der Seligkeiten zurückkehren, um dort als Eremit zu leben, und auf Gefährten warten. In Wirklichkeit war das Geschäft mit dem Berg der Seligkeiten das Werk eines Hochstaplers, und Foucauld hatte sich in seiner Naivität hereinlegen lassen. Aber das Ganze war jetzt in Bewegung gebracht. Foucauld geht im August 1900 an Bord.

Freier Priester in der Diözese Viviers

Abbé Huvelin machte sich Sorgen, da Foucauld sich schon bei seinem ersten Aufenthalt in Akbès über die Trappisten enttäuscht gezeigt hatte. Dann war er glücklich, zu erfahren, daß er in Nazaret das Leben von Nazaret praktizierte. Aber Foucauld fühlte sich in Nazaret bald von den alten Fragen bedrängt: Sollte er in Nazaret bleiben oder nicht? War dort seine Berufung? Er beschäftigt sich von neuem mit dem Trappistenorden, dessen „Geist augenblicklich", so schreibt er Abbé Huvelin, nicht das ist, was er will; dort könnte er aber Reformen einführen, wenn er, wie man es wünschte, Prior von Akbès würde. 1898 fühlt sich Foucauld zwischen verschiedenen Projekten hin und her gerissen. Der nun Vierzigjährige weiß nicht mehr, was er mit seinem Leben beginnen soll. Er bleibt weiter ein großer Aktivist und Organisator. Er hat im Sinn, ein Kloster als einen Ort zu leiten, an dem es „ein Waisenhaus, ein Gästehaus, eine Krankenstation, einen Kindergarten mit einem weiten Wirkungskreis geben sollte" (3. März 1898). „Ich habe Ihnen geraten, in Nazaret zu bleiben", antwortet Abbé Huvelin. „Bleiben Sie in Nazaret", dieses Wort wiederholt sich dauernd in den Briefen des Abbé.

Zur gleichen Zeit erstrebt Foucauld die Priesterweihe. Früher hatte er diesen Plan entschieden abgelehnt, jetzt bejaht er ihn immer mehr. Damit ist, wie wir sahen, der Wille, eine Kongregation nach seinen Vorstellungen zu gründen, eng verbunden. Und wenn sich bei Foucauld ein Plan einmal festsetzt, hält nichts ihn auf.

Abbé Huvelin versucht, die Wogen der neuen Begeisterung in Bahnen zu leiten. Foucauld beginnt in Notre-Dame des Neiges, sich auf die Priesterweihe vorzubereiten: Huvelin rät ihm, dort längere Zeit zu bleiben. Foucaulds „Vision" von „einer Familie, die sich um Jesus versammelt", wird von Huvelin akzeptiert, „aber dazu, mein Lieber", schreibt er ihm, „bedarf es der Reife, der Vorbereitung". Foucauld ändert den Namen. Aus den „Eremiten" werden „Die kleinen Brüder Jesu".

Am 9. Juni 1901 wurde Foucauld in der Kapelle des Priesterseminars der Diözese Viviers zum Priester geweiht. Aber vom Heiligen Land ist nun nicht mehr die Rede. Während der neun Monate der Vorbereitung auf die Priesterweihe hat sich Foucauld ein anderer, gegenteiliger Plan aufgedrängt: Afrika. Er will dorthin zurückkehren, wohin er als Forscher und Eroberer ausgezogen war, und Christus in aller Demut den Völkern zeigen, die ihn noch nicht kennen. Er will sein Priestertum für die Gott am meisten Fernstehenden leben, die Eucharistie „nicht den Verwandten und reichen Nachbarn, sondern den Lahmen, Blinden und Armen vorstellen". Im Heiligen Land gibt es viele Priester, jedoch nicht in Marokko. Er schreibt einem Freund: „In meiner Jugend durchreiste ich Algerien und Marokko. In Marokko, das so groß ist wie Frankreich mit seinen Millionen von Einwohnern, gibt es keinen einzigen Priester im Innern."

Der Freund, dem er dies schreibt, ist Henry de Castries, einer der besten Kenner Nordafrikas; er möchte sich von ihm helfen lassen, um zu erfahren, wie Marokko sich entwickelte und wie er dort einreisen könnte. Wie sieht sein Projekt genau aus? „Er möchte an der marokkanischen Grenze eine Kongregation errichten, nicht ein Trappistenkloster, nicht eine große und reiche Abtei, auch nicht einen landwirtschaftlichen Betrieb, sondern eine Art bescheidener kleiner Einsiedelei, wo ein paar arme Mönche von ein wenig Obst und Gerste, die sie mit eigener Hand ernten, auf kleinem Raum leben könnten. Ihre Aufgabe: Sühne und Anbetung des Allerheiligsten. Sie sollen ihren engen Bereich nicht verlassen, auch nicht predigen, aber jedem, der kommt, Gastfreundschaft gewähren, ob er nun gut oder schlecht, Freund oder Feind, Moslem oder Christ ist... Das ist Verkündigung des Evangeliums, nicht durch das Wort, sondern durch die Gegenwart des Herrn im Altarsakrament, die Darbringung des göttlichen Opfermahls, das Gebet, die Sühne, die Praxis der evangelischen Räte, die Liebe – eine brüderliche und umfassende Liebe, die mit jedem Armen, jedem Unbekannten bis zum letzten Bissen Brot teilt und jedes menschliche Wesen wie einen geliebten Bruder aufnimmt..."

Er möchte Gastfreundschaft allen gewähren, „den Reisenden, den Karawanen und auch unseren Soldaten".

Henry de Castries antwortet, und Foucauld erwidert ihm: „Sie haben vollkommen verstanden, was ich gründen möchte: eine Zaouia." Auf seiner Marokkoreise hatte Foucauld solche „Zaouias" kennengelernt, kleine Zentren der Gastfreundschaft, unter Leitung von moslemischen „Bruderschaften", und Orte, wo das Asylrecht ausgeübt wird. Foucauld stellt sich auf das Land um, das er besuchen möchte, und auf den Islam, wo die Aufnahme des Armen und sogar des Feindes in einer großen Tradition steht. Er möchte eine „Zaouia des Gebets und der Gastfreundschaft" errichten. Mit Hilfe des Modells der Zaouias möchte er sein Projekt des ganz armen Klosters verwirklichen. Mit dieser Art zu leben und dazusein, wird er die Reisenden aufnehmen und ihnen Christus nahebringen können.

Sein Ziel, das Evangelium den Armen vor Augen zu stellen, verwirklicht Foucauld mit gewohnter Hartnäckigkeit, aber auch mit genauen, einschlägigen Forderungen: er möchte sich dort niederlassen, wo er möglichst gut „mit den Marokkanern in Beziehung treten" kann. Man hat ihm klargemacht, daß er nicht nach Marokko einreisen kann. Er will sich daher genau am Rande Marokkos niederlassen. Er sucht „den besten Platz, geeignet als Lücke, durch die er später aus nächster Nähe eindringen kann, die Seite, von der aus Marokko für eine Missionierung am besten zugänglich ist... Ich glaube, es ist der Süden... mir scheint, ich sollte einen *einsamen* Platz am Wasser zwischen Ain-Sefra und Touat wählen."

Bruder aller Menschen

Abbé Huvelin stellt die Verbindung her mit den Vertretern der kirchlichen Obrigkeit Nordafrikas, und diese erlauben ihm, sich als „freier Priester der Diözese Viviers" in Afrika niederzulassen. Foucauld landet am 10. September 1901 in Algier, wo er von Monsignore Guérin, dem Bischof der Sahara, erwartet wird. Vor seiner Abreise hat Foucauld seine Pläne in einem Brief an seine Schwester zusammengefaßt: „Ich gehe in den Süden der Provinz Oran, an die marokkanische Grenze, in eine der französischen Garnisonen ohne Priester, lebe dort als Mönch, schweigend und von der Außenwelt zurückgezogen, ohne den Titel eines Geistlichen oder Pfarrers, aber als Mönch, betend und die Sakramente verwaltend. Das Ziel ist ein Doppeltes:

Erstens: Zu verhindern, daß unsere Soldaten an diesen Orten, wo viele dem Fieber erliegen und kein Priester vorhanden ist, unversehen sterben.

Zweitens: Vor *allem* der so zahlreichen und so vernachlässigten moslemischen Bevölkerung soviel wie möglich Gutes zu tun, indem ich ihnen Jesus bringe in Gestalt der Eucharistie, so wie Maria Johannes den Täufer segnete, indem sie ihm Jesus brachte."

Außerdem war die Erlaubnis der Militärbehörden, sich im Süden niederzulassen, einzuholen. Einen Monat lang mußte Foucauld darauf warten; er setzte sich in dieser Zeit bereits mit seinen ehemaligen Freunden aus der Armee in Verbindung.

Am 15. Oktober 1901 nimmt er in Algier den Zug nach Oran und Ain-Sefra, wo er von dem General, der dieses Gebiet befehligt, feierlich empfangen wird. Dieser gibt ihm eine Begleitung nach Beni Abbès, der Oase an der marokkanischen Grenze, wo er am 28. Oktober eintrifft.

Zwar wollte Foucauld die Begleitung ablehnen, aber man hatte sie ihm aufgedrängt. Er wäre lieber als armer Mann nach Beni Abbès gekommen, aber so hält die Armee ihre schützende Hand über ihn. Die Garnison von Beni Abbès besteht aus 800 Mann, darunter 200 Franzosen. Beni Abbès in Südalgerien ist mit 6000 Palmen die größte Oase des Gebietes, das Saoura heißt. Im Westen liegt eine Steinwüste, eine Hamada, im Osten eine Sandwüste. Beni Abbès ist ein Garten; für die Moslems ist das Paradies ein Garten. Foucauld läßt sich in einem kleinen Seitental nieder. Die Garnison baut ihm aus Palmen-

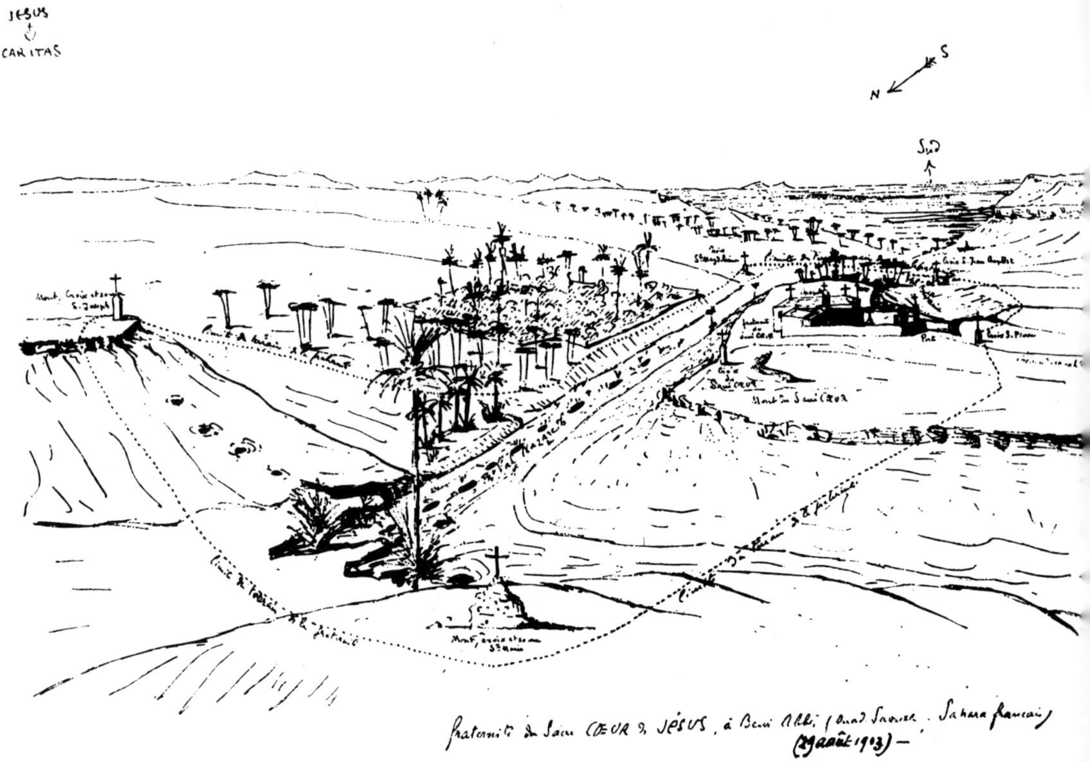

Ansicht von Beni Abbès. Zeichnung von Pater Charles von 1903

stämmen und getrockneten Backsteinen eine Unterkunft, bestehend aus einer Kapelle, drei Zellen und einer Gästekammer. An die Kapellenwand hat Foucauld ein großes Herz Jesu mit offenen Armen gezeichnet, das Herz Jesu, das „seine Arme ausbreitet, um alle Menschen zu umarmen, an sich zu drücken, sie zu rufen und sich allen zu schenken, ihnen sein Herz anbietend“. Foucauld schreibt, er befinde sich „an einem einsamen Ort, einem kleinen verlassenen Tal, das aber zu bewässern ist (Wasser gibt es in Beni Abbès genug) und das ich mit Hilfe Gottes in einen Garten verwandeln werde“.

Wieder erfährt Foucauld, was ihn einst vor zwanzig Jahren bei seiner ersten Begegnung mit Afrika wie ein Schlag getroffen hatte. Auch Ernest Psichari, der Enkel Renans, war seinerzeit davon geprägt worden: „Weil ich weiß, daß in Afrika große Dinge geschehen, kann ich alles von ihm verlangen, und dadurch kann ich alles von mir verlangen. Weil Afrika die Verkörperung der Ewigkeit ist, verlange ich von ihm, mir das Wahre, das Gute, das Schöne zu geben und nichts weniger... Eben kommt Sidia zu mir, und während er mit der Hand auf den Horizont weist, sagt er, bewegt und verwandelt, zu mir: ‚Gott ist groß.‘ “

Foucauld erlebt dieses Wunder, diesen Rausch aus Sand und Sonne von neuem. Er spricht noch oft von der ästhetischen Erschütterung, die von dieser Landschaft hervorgerufen wird, einer Erschütterung, die ihn Gott näherbringt: „Die außergewöhnliche Harmonie ihrer Gestalt, ihre gepflegten Gärten und die Vorstellung von Wohlstand, die sie bietet, lassen die Oase so schön erscheinen... außer diesem friedlichen und erfreulichen Bild hat man die beinahe endlosen Horizonte der Felswüste vor sich, die in den herrlichen Saharahimmel übergehen. Die Gedanken wandern ins Unendliche und zu Gott, dem Allerhöchsten: Allah Akbar."

Die Bevölkerung der Oase – 130 Familien – ist sehr arm; sie besteht zum größten Teil aus schwarzen Kleinbauern, die dauernd unter der Gefahr von Überfällen leben: marokkanische Räuber nehmen ihnen ihre mageren Ernten weg und entführen ihre Kinder, die sie zu Sklaven machen. Foucauld lebt wie sie von Datteln, Honig und Gerstenfladen: „Mein Leben besteht aus Gebet, dann folgt (was viel Zeit braucht) der Empfang der Besuche, darunter mehrere Offiziere, viele Soldaten, viele Araber, viele Arme, denen ich Gerste und Datteln im Rahmen des Möglichen gebe."

Brunnen und Garten von Pater Charles Einsiedelei in Beni Abbès

Wie heißt er, warum läßt er sich „Khaonia Carlo – Bruder Charles" nennen? Er sagt, er wolle „der Bruder aller" sein, der Soldaten wie der Eingeborenen. Er möchte keine Grenzen um sein Haus, das wie eine kleine Bruderschaft, eine „Khaoua" aussehen soll. „Die Eingeborenen beginnen, sie die Khaoua zu nennen und zu begreifen, daß die Armen dort einen Bruder haben – aber nicht nur die Armen, sondern alle Menschen... Ich möchte alle Bewohner, Christen, Moslems, Juden und Götzenanbeter daran gewöhnen, mich als ihren Bruder zu betrachten, als den Bruder aller. Sie beginnen, das Haus ‚die Fraternität' (arabisch Khaua) zu nennen, und das ist schön für mich."

Gewiß ist er der Nachbar der Garnison, wird er Freund ihres Chefs, Hauptmann Regnault, aber noch näher steht Foucauld den Armen; und er wird dies bald beweisen.

Kampf gegen die Sklaverei

Weniger als drei Monate nach seiner Ankunft beginnt Foucauld, scharfe Briefe über die Sklaverei zu schreiben, die Frankreich zwar in Algerien abgeschafft hat, die sie aber aus demagogischen Gründen in der Sahara bei den örtlichen Führern duldet, auf die sie Rücksicht zu nehmen hat: „Die größte Plage dieses Landes ist die Sklaverei." Sie ist für ihn „die dringendste und wichtigste Frage." „Leider blüht hier die Sklaverei wie vor zweitausend Jahren in aller Öffentlichkeit unter den Augen und mit Erlaubnis der französischen Regierung... Hier blüht die Sklaverei ungehindert und offen: als die französischen Behörden ins Land kamen, erklärten sie laut, sie bleibe bestehen... es gibt eine große Zahl von Sklaven." „Wenn ihre Herren die Arbeit, die sie brauchen, von ihnen verlangt haben, geben sie ihnen weder Nahrung noch Kleidung noch Unterkunft, sondern sie lassen sie müßig herumlungern und sagen ihnen, sie sollten sich selbst das Nötige besorgen, wie sie gerade könnten. Die Sklaven können keinen Besitz erwerben und daher sich nie freikaufen. Sie vegetieren in einem ungeheuren materiellen Elend, aber ihre geistige Not ist noch größer. Beinahe ohne Religion, leben sie in Haß und Verzweiflung."

Bruder Charles will bei den Ärmsten beginnen und „die ersten Christengemeinden dieses Landes" errichten, „wie es in großer Zahl die ersten in Rom waren: durch die Sklaven".

Aber die Situation ist gespannt. Foucauld weiß genau, daß er „mit den französischen Behörden und den arabischen Besitzern" in Konflikt gerät, wenn er gegen die Sklaverei ankämpft. Zunächst nimmt er Sklaven bei sich auf, gibt ihnen zu essen, tröstet sie, er weiß nicht wie: „Bis auf weiteres", schreibt er an den Bischof der Sahara, „mache ich folgendes: statt ihnen Flucht oder Revolte zu predigen, predige ich ihnen Geduld und sage, sie sollten bleiben, wo sie sind, und daß Gott ihnen mit der Zeit Linderung und Freiheit schenken werde."

Aber es handelt sich nicht darum, sich mit schönen Worten zu begnügen. Man muß dem Übel auf den Grund gehen. Foucauld stellt fest: „Auf Madagaskar hat General Galiéni mit einem Federstrich die Sklaverei aufgehoben. Dabei besaßen manche Madagassen achthundert Sklaven, und außerdem gab es noch viele Sklavenmärkte. Hier und auf den benachbarten Stationen (Taghit usw.) sind sich alle Offiziere in ihrem Wunsch nach Abschaffung der Sklaverei und Befreiung zwar einig, aber der Befehl müßte von oben kommen: denn *auf Befehl* von General Risbourg, bestätigt durch Oberst Billet, wird die Sklaverei aufrechterhalten. Von höchster Stelle wurde beim Betreten des Landes erklärt, es ändere sich nichts an der Lage der Sklaven. Ja noch mehr, ein Offizier der arabischen Behörden, zu dem ein armer Sklave der Marabuts von Kersaz seine Zuflucht genommen hatte, wurde auf *ausdrücklichen Befehl* von General Risbourg gezwungen, diesen seinen Marabuts zurückzugeben, die ihn beim General reklamiert hatten: Nach solchen Vorfällen wagen die arabischen Behörden trotz ihres Wunsches nach Freilassung und Gerechtigkeit nicht, ohne Befehl zu handeln..."

Er will, daß „Anfragen in der Kammer oder im Senat" eingebracht werden. Er greift die Republik Frankreich als solche an: „Wehe euch, ihr Heuchler! Die ihr auf Briefmarken und überall sonstwo die Worte ‚Freiheit, Gleichheit, Brüderlichkeit, Menschenrechte' druckt und den Sklaven Fesseln schmiedet; die ihr auf die Galeeren verurteilt, wer eure Banknoten fälscht; die ihr erlaubt, den Eltern ihre Kinder zu stehlen und sie öffentlich zu verkaufen, die ihr den Diebstahl eines Huhns bestraft, den eines Menschen jedoch erlaubt."

Bruder Charles weiß wohl, daß er sich auf eine politische Aktion einläßt; er möchte zwar nicht, wie er sagt, sich bei einer „weltlichen Regierung" einmischen, aber „wenn die weltliche Regierung eine schwere Ungerechtigkeit gegen Menschen begeht, für die wir in gewissem Maß verantwortlich sind (ich bin der einzige Priester im Umkreis von dreihundert Kilometern), dann muß man es ihr sagen, denn wir vertreten auf Erden die Gerechtigkeit und die Wahrheit, und wir haben nicht das Recht, ‚schlafende Schildwache' zu spielen, ‚Hunde, die nicht bellen', oder ‚gleichgültige Hirten' zu sein."

Er will also die „Stimme erheben" und „in Frankreich das Unrecht und den sanktionierten Menschenraub der Sklaverei bekannt machen". Er bittet Bischof Guérin dringend, sich an Ort und Stelle von „der ungeheuren Realität der Sklaverei" zu überzeugen.

Die Einwände wirtschaftlicher Art fegt er vom Tisch: „Es heißt: die Sklaven sind in diesem Land notwendig... man braucht sie für die Landwirtschaft... ohne sie würden die Oasen zugrunde gehen. – Das ist gar nicht richtig. Viele Oasen, und zwar die fruchtbarsten, haben keine oder kaum einen Sklaven... Wer die meisten Sklaven hat, das sind die Nomaden und die Marabuts: die einen wie die anderen arbeiten niemals, verbringen ihr ganzes Leben mit Nichtstun und werden sich bei der ersten Gelegenheit gegen uns erheben; wenn wir ihre Sklaven befreien, zwingen wir sie ein wenig zur Arbeit, was in gleichem Maß zu ihrer Besserung dient."

Bei Henry de Castries kann er konkret argumentieren: er möchte, daß das Gewissen der Franzosen erwache, wenn man ihnen Angst vorwirft und sie wegen der Sklaverei verachtet: „Wenn wir diese erlauben und sogar noch unterstützen, verdienen wir *Verachtung* – das ist die natürliche Folge der Ungerechtigkeit. Die Eingeborenen wissen, daß wir die Sklaverei ablehnen, bei uns nicht dulden und sie in Algerien verbieten. Wenn sie sehen, daß wir uns bei ihnen dennoch dazu hergeben, sagen sie: ‚Sie wagen es nicht, sie haben Angst vor uns, und *verachten* uns.' Sie haben recht. Es ist richtig, Leute zu verachten, die bewußt ungerecht handeln und die aus Menschenfurcht gegen ihr Gewissen handeln. Keine menschliche Macht hat das Recht, diese Unglücklichen, die Gott ebenso frei erschaffen hat wie uns, in Fesseln zu schlagen. Wenn wir ihren angeblichen Herren erlauben, sie mit Gewalt gefangenzuhalten, auf sie Jagd zu machen, wenn sie entfliehen, und sie auszuliefern, wenn sie zu den französischen Behörden Zuflucht nehmen, von denen sie sich vergeblich Schutz und Gerechtigkeit erhoffen, wenn man dies tut, raubt man ihnen eines der unverzichtbarsten Güter... Es ist nur gerecht, daß uns die Eingeborenen verachten, wenn wir aus Furcht bei einer solchen Schande mitmachen."

Henry de Castries schlägt Foucauld vor, sich an Baron Cochin zu wenden, einen „eifrigen Kämpfer gegen die Sklaverei und Verteidiger dieser Fragen in der Kammer", und Foucauld teilt dies Bischof Guérin mit. Dieser zögert jedoch, eine solche Frage bei seiner bevorstehenden Reise nach Frankreich aufzugreifen. Bei seiner Rückkehr nach Algerien trifft er den Generaloberen der Weißen Väter, der Stillschweigen verlangt. Bischof Guérin übermittelt Bruder Charles diese Entscheidung. „An eine offzielle Anzeige der Vorkommnisse in diesen Gebieten ist nicht zu denken."

Foucauld antwortet am 30. September 1902, er werde bis aufs I-Tüpfelchen genau die Anordnungen seines Bischofs befolgen, aber er ist in Wirklichkeit schmerzlich betroffen. So fügt er hinzu: „Diese Begründung – es sei

Pater Charles mit Paul Bonita und dem kleinen Abd Jesus, zwei Sklaven, die er freigekauft hatte, und Kapitän Regnault, dem Kommandanten der Garnison von Beni Abbès

zum letztenmal gesagt – kann ich nicht annehmen, ohne zu bedauern, daß die Stellvertreter Jesu sich begnügen, eine solche Sache der Gerechtigkeit und der Liebe nur insgeheim und nicht auf den Dächern zu verteidigen."

Foucauld fährt fort, den Sklaven zu helfen, wo er ihnen begegnet. Er verwendet einen großen Teil des Geldes, das seine Familie ihm schickt, zum Freikauf von Sklaven, aber er weiß, daß dies nur Schlimmeres verhütet und daß man die Gesetze ändern müßte. Er setzt seine Offensive fort. Im Januar 1903 schreibt er seiner Cousine: „Versuche, bekanntzugeben, wie weit die Sklaverei hier verbreitet ist, von den französischen Behörden zugelassen und geduldet. Es bedürfte entweder eines Aktes der Regierung, der mit einem Schlag diese Ungerechtigkeit beendet, oder es müßten mildtätige Personen die Mittel aufbringen, um die ärmsten Sklaven loszukaufen. Ersteres wäre das Beste, denn es ist ein Greuel."

Erst drei Jahre nach der Ankunft Foucaulds in Beni Abbès werden endlich Maßnahmen gegen die Sklaverei ergriffen. Die Aktion von Bruder Charles war nicht umsonst gewesen. Mit Freude schreibt er am 15. Dezember 1904 an Henry de Castries: „Einstimmig hat der Verwaltungsvorstand der Oasen Maßnahmen zur Aufhebung der Sklaverei beschlossen: nicht auf einmal, das wäre nicht klug, sondern allmählich, so daß es in kurzer Zeit keine Sklaven mehr geben wird. Im alten Sinn des Wortes gibt es jetzt schon keine mehr: der Sklavenhandel ist streng verboten. Wer noch Sklave ist, kann seinen Herrn nicht mehr wechseln. Die nicht gut behandelt werden, werden vom Verwaltungsvorstand befreit... Ein großer Schritt, ein großes Glück..."

Die französische Besatzungsarmee

Die „Khaoua" wird nie leer: Foucauld hat Besuch „von einhalb fünf Uhr morgens bis acht Uhr abends" außer während der Hitzestunden von zehn bis fünfzehn Uhr. Foucauld feiert um vier Uhr die Messe, danach beginnt schon das Gedränge. Bis zu 60 Kinder kommen täglich. So schildert er den Ablauf eines Tages: „Begegnung mit 20 Sklaven; Empfang von 30 bis 40 Reisenden; Verteilung von Medikamenten an 10 bis 15 Personen; Verteilung von Almosen an mehr als 75 Bettler." „Ich bin mit äußeren Geschäften so überlastet, daß ich keinen Augenblick zur Lektüre und wenig zur Betrachtung komme.

Pater Charles feiert die Messe in seiner Einsiedelei in Beni Abbès. General Lyautey berichtet: „... noch nie habe ich so die Messe lesen sehen wir von Pater de Foucauld..."

Die armen Soldaten kommen dauernd zu mir. Das kleine Haus, das für sie gebaut werden konnte, ist von den Sklaven besetzt, die Reisenden kommen direkt zur ‚Fraternität', es wimmelt von Armen... Alle Tage Gäste zum Abendbrot, Übernachten, Mittagessen. Es wird nie leer, bis zu 12 Übernachtungen, einen kranken alten Mann nicht mitgezählt, der dauernd hier ist. Ich bekomme 60 bis 100 Besuche pro Tag."

Wie heißt der Vorsatz, den er bei den Exerzitien von 1902 gefaßt hat? „Ordnung und Aktivität." Die Zeiten des Gebets und der Betrachtung sind also recht kurz, und die Danksagung fällt von selbst aus.

Wir sahen, daß er alle aufnimmt, die Armen, die Sklaven, die „armen Reisenden", die „auch eine einfache Unterkunft und ein schlichtes Mahl in der Fraternität finden", aber auch die „armen Soldaten". In der Garnison leben Franzosen, es sind oft Offiziere und Unteroffiziere und einfache Soldaten, darunter zahlreiche schwarze Afrikaner, von denen wieder viele erkrankt sind, vor allem an Tuberkulose. Bruder Charles, immer voll von Plänen, hat festgestellt, daß das Klima von Beni Abbès besonders gesund ist; er möchte deshalb, daß ein Militärhospital und ein Sanatorium errichtet werden.

Seine „Fraternität" befindet sich zwischen Dorf und Garnison. Er möchte die Offiziere an sich ziehen, „liebenswürdig zu ihnen sein, wenn möglich der Freund, der Vertraute eines jeden werden", vor allem aber der Soldaten: „Sich bei ihnen beliebt machen, sie lehren, ihnen dienen, sie während der Freizeit am Sonntag und unter der Woche zum Gespräch versammeln... sie daran gewöhnen, unser Haus als ihr eigenes zu betrachten." Er beurteilt die Tätigkeit der französischen Armee in dieser Gegend unvoreingenommen und bedauert vor allem die Anwesenheit gewisser Truppen: „Einer der großen Fehler unserer Besatzung im Süden ist der Einsatz auf gewissen Posten (wie Beni Abbès, Taghit, Igli usw.) von Afrika-Bataillonen... während die Offiziere der arabischen Behörde sich bemühen, durch Güte, Gerechtigkeit und Wohltätigkeit die Sympathie der Eingeborenen zu erwerben suchen, sinken diese unglücklichen Soldaten, die sogar öffentlich allen Arten von Lastern frönen, immer tiefer und verschulden die Verachtung der Franzosen und Frankreichs. Man sollte sie weitab von der eingeborenen Bevölkerung nach Khreider, Mecheria oder auf ähnliche Posten verbannen, wo sie von niemand beobachtet werden können..."

Ist Foucauld denn ohne Einwand mit dieser, wie er sagt, „Besetzung" der Sahara durch Frankreich einverstanden? In seiner Vorstellung ist die französische Armee mit den römischen Legionen vergleichbar, die einst Palästina eroberten; in einer Art Gegenschlag hat sich das Evangelium in der römischen Welt verbreitet und sie für Christus erobert. Auf solche Weise meint Foucauld, könne auch die Anwesenheit der Armee die künftige Verkündigung

Pater Charles in Beni Abbès

des Evangeliums „vorbereiten und begünstigen". Ist dies nicht eine ein bißchen vereinfachte und zu bequeme Erklärung? Zu ihrer Zeit stellt sie einen glatten Bruch mit vielen „missionaristischen" Eroberungsideologien dar.

Im übrigen weist Foucauld der Armee eine wichtige Aufgabe beim Schutz der Armen zu. Tatsächlich werden die Harratins, die Negersklaven der feudalen Tuareg, unaufhörlich die Opfer von Plünderungen, und Foucauld bedrängt oft seinen Freund „den guten Hauptmann Regnault", „Friedensaktionen" einzuleiten. Das bedeutet, die Harratins gegen die Räuber zu verteidigen und ihnen zu helfen, im Frieden zu leben.

Foucauld lebt zwar in Beni Abbès. Aber seine Gedanken und Pläne sind immer auf dem Weg nach Marokko. Er sucht nach Informationen über die Geschichte dieses Landes und über die erste Christianisierung durch die Jünger des heiligen Franziskus von Assisi. Er würde so gern eine „Stippvisite" nach Marokko machen, schreibt er im Januar 1903. In einem Brief an seine Cousine heißt es: „Um auf Marokko zurückzukommen, so verstehst du, daß ich mich hier in Beni Abbès, also *an seiner Grenze,* mit dem Hintergedanken niedergelassen habe, nach Möglichkeit das Evangelium hineinzutragen; dabei übe ich mich weiter in Schweigen und Kontemplation, denn darin liegt meine Berufung; ich predige nicht wie die ersten Jünger des heiligen Franziskus, das ist nicht meine Berufung und scheint mir nicht das richtige Mittel, damit die Menschen Jesus kennen- und ihn liebenlernen. Sondern nachdem ich eine monastische Niederlassung armer Ordensleute zur Verehrung des Allerheiligsten in Beni Abbès errichtet habe, ist es mein Ziel, nach und nach weitere in Marokko zu gründen. Während ich dies aus der Ferne mit Hilfe meiner Beziehungen zu Marokkanern vorbereite, schaffe ich die Voraussetzungen, mich bei sich aufzunehmen, indem ich ihnen brüderlich Gastfreundschaft gewähre." Foucauld hat die Gründung der „Kleinen Brüder" nicht aus den Augen verloren. Deren Regel hat er bereits seinem Bischof Guérin bei seiner Ankunft in Algerien im September 1901 übergeben. „Ich zweifle nicht daran, daß sich in einigen Jahren die Verhältnisse wandeln, um Ihnen den Zugang in dieses Gebiet zu erleichtern." An Ostern 1903 legt er einen „Missionsplan für Marokko" nieder, der sicher zunächst für die Oberen der Ordenskongregationen bestimmt ist. Sein Gedanke, selbst eine Kongregation zu gründen, ist stärker als je. „Wohl das Beste, das ich für die Bekehrung Marokkos tun

Pater Charles mit Beduinen in Beni Abbès

Pater Charles und General Lyautey, der Befehlshaber im Territorium von Ain-Sefra, kennen sich von der Leutnantszeit. Der General besuchte seinen Freund zweimal in Beni Abbès

kann, ist die Organisation einer kleinen Schar von Ordensleuten, die sich zugleich der Kontemplation und der Wohltätigkeit widmen und in Armut von ihrer Handarbeit leben. Ihre Regel ließe sich in drei Punkten zusammenfassen: Ewige Anbetung vor dem ausgesetzten Allerheiligsten, Nachfolge des verborgenen Lebens Jesu in Nazaret und Leben in den Missionsländern. Diese kleine Truppe wäre eine Avantgarde, bereit, sich auf das Ackerfeld Marokko zu wagen."

Rechts: Das Hoggar-Gebirge in der Südsahara bei Tamanrasset

Folgende Seiten: Die Kapelle in der Einsiedelei von Bruder Charles in Tamanrasset

Die Einsiedelei auf dem Assekrem im Hoggar-Gebirge, wo Bruder Charles auch meteorologische Messungen durchführte

POSTES

„Truppe", „Avantgarde", diese militärischen Ausdrücke fließen ihm weiter in die Feder, aber in seinen Gedanken sollten diese Soldaten Gottes „bereit werden, mit und für Jesus zu sterben und auf alles mit und für Jesus zu verzichten".

Wichtig an diesem Plan ist auch, daß Foucauld nicht im Gefolge der französischen Armee, sondern vor ihr Marokko betreten möchte, nicht mit Franzosen, sondern mit Marokkanern. Er denkt völlig konsequent: Es geht darum, dort das Leben von Nazaret zu führen, um das öffentliche Leben Jesu, das heißt die direkte Verkündigung des Evangeliums, vorzubereiten: „Ich hoffe, in naher Zukunft mit ein paar Marokkanern in ihr Land einreisen zu können. Ich möchte zuerst nur für einige Tage hineingehen, dann für einige Wochen und später für einige Monate, und dort ein kleines Eigentum kaufen, wo eine neue ‚Bruderschaft vom Herzen Jesu' entstehen könnte. So würde man allmählich vorgehen. Die Seelsorge, die Gastfreundschaft, der Loskauf und die Befreiung der Sklaven und dazu die Darbringung des heiligen Opfers werden die Herzen versöhnen und die Wege zur offenen Verkündigung freimachen. Die Stunde der offenen Verkündigung wird um so schneller schlagen, je eifriger und zahlreicher diese stille Avantgarde auftreten wird."

Diesen ersten Schritt nach Marokko möchte er mit Hilfe eines Begleiters tun. Aber die Militärbehörde lehnt die Reise wegen der Unsicherheit ab.

Der Ruf des Südens

An Pfingsten 1903 kommt Monsignore Guérin nach Beni Abbès, und Bruder Charles hat Gelegenheit, mit seinem Bischof ein langes Zwiegespräch über die erste Evangelisation und die direkte Evangelisation zu führen. Er sagt ihm, daß er mehr als je „die erste Evangelisation" für wichtig halte und daß dafür „arme Mönche notwendig sind, die mit ihren Händen arbeiten und von der Arbeit ihrer Hände leben, und zwar das Leben Jesu von Nazaret". Nach der Abreise von Bischof Guérin fühlte er sich einsam, und er schreibt es ihm: „Montag abend, als Sie allmählich im Dunkel verschwanden, habe ich mich einsam gefühlt, zum erstenmal seit vielen Jahren."

Wenn aber Marokko im Augenblick verschlossen sein dürfte, so scheint

Links: Bruder Charles arbeitete auch als Einsiedler wissenschaftlich. Er schrieb das große Wörterbuch tuareg–französisch, er machte meteorologische Aufzeichnungen und führte einen regen Briefwechsel. Das selbstgebaute Windlicht und sein Schreibgerät, das Charles in Tamanrasset benutzte, sind heute in der Obhut der Kleinen Schwestern in Rom

Pater Charles de Foucauld mit Monsignore Guérin, dem Bischof von Algier vor seiner Einsiedelei in Beni Abbès

dagegen der Süden viel offener. Bruder Charles hört immer mehr von solchen Plänen sprechen wie von dem seines Freundes Major Henry Laperrine, der sich ebenso für den Süden der Sahara interessiert wie Lyautey für Marokko. Es handelt sich für Laperrine seit April 1903 darum, Foucauld zu überzeugen. Er schickt ihm zu diesem Zweck einen Offizier, dem er sagt: „Foucauld denkt nur an Marokko. Seine Jugenderinnerungen lassen ihn nicht zur Ruhe kommen. In dieser Hinsicht ist bei ihm nichts zu machen; er ist eigensinnig. Man muß ihn veranlassen, sich mit uns zu treffen."

Der Sommer 1903 bringt eine Menge Nachrichten aus dem Hoggar und über die Tuareg. Im Juni erzählt ihm Laperrine von einer Tuaregfrau, einer Adligen, die immer noch lebt. 1881, als die Expedition des Obersten Flatters, die in den Süden vorstieß, um das Land zu erforschen und eine Eisenbahnlinie zwischen Algerien und Schwarzafrika vorzubereiten, von den Tuareg ermordet wurde, hatte sich diese Frau der Tötung der Verwundeten widersetzt. Laperrine hat diese Frau kennengelernt.

Die Tuareg! Mit diesem Namen verbinden sich für Foucauld zahllose Erinnerungen. Von der Expedition Flatters war nach ihrer Ermordung viel geredet worden. Es war im gleichen Jahr, als Foucauld sich zu seiner Studienreise nach Marokko entschloß. Und diese Expedition Flatters hatte auch in Verbindung mit seinem Meister gestanden, den er 1886 seinen „einzigen Freund" nennt, dem Forscher Duveyrier. Dieser war schon 1860 dort unten gewesen und hatte seine zahlreichen Beobachtungen unter dem Titel „Die Tuareg aus dem Norden" veröffentlicht. Von jenen Tuareg, die er kennengelernt hatte, begeistert, hatte Duveyrier sie als vertrauenswürdig geschildert. Das Massaker an der Expedition Flatters hatte ihn erschüttert, aber es waren tatsächlich nicht seine Freunde, die Tuareg aus dem Norden, die das Verbrechen verübt hatten, sondern die aus dem Hoggar. In seiner Verzweiflung beging Duveyrier, der sich verantwortlich fühlte, Selbstmord.

Zeitlich näher ereignete sich noch etwas anderes. Es war 1896 die Ermordung seines Freundes aus Saumur und Kumpans aller seiner Feste, des tollkühnen Marquis de Morès. Auch er hatte versucht, den Süden zu erforschen und war gleichfalls von den Tuareg getötet worden.

Noch mehr als Marokko bedeutet der Süden Risiko, das heißt Abenteuer, Gefahr, vielleicht sogar Martyrium. Aber nichts Derartiges konnte Foucauld anziehen; die Gründe, die er Abbè Huvelin und seinem Bischof angibt, scheinen vernünftig und logisch. Sie wurzeln vor allem in der Leidenschaft des Mannes, dessen Familiendevise „Niemals zurück" heißt und dessen Temperament ihn unaufhörlich in die Ferne treibt.

Bischof Guérin läßt ihn gewähren. Abbé Huvelin schreibt ihm: „Gehen Sie, wohin der Heilige Geist Sie drängt." Was Laperrine angeht, so ist er überglücklich, Foucauld die Erlaubnis zu erteilen, nach dem Süden zu gehen, die er aber in Wirklichkeit gar nicht erteilen kann. „Mit den Umständen und Möglichkeiten werde ich schon zurechtkommen", schreibt Foucauld an seine Cousine. Mit einem militärischen Konvoi bricht er am 13. Januar 1904 auf, begleitet von einem jugendlichen Schwarzen, Paul, den er aus der Sklaverei geholt hatte.

Ist Foucauld ein unstabiler Mensch? Man hat es behauptet. Tatsächlich ist dieser Mann, der sich immer auf der Suche nach einem „Anderswo" und einem „Immer weiter" befindet, ein Vollblut, das beim geringsten Druck der Ereignisse losstürzt. „Ich bin immer bereit." „Ich lebe von einem Tag zum anderen." „Ich tue das, was ich nach den Umständen für das Beste halte." „Gehen wir gleich, wohin wir gehen können. Wenn sich die Türen anderswo öffnen, gehen wir dorthin. Jedem Tag genügt seine Plage. Tun wir, was im Augenblick das Beste ist." Foucauld verkörpert eine extreme und brisante Mischung aus dauernder Beobachtung der Umstände und einer Spannung, die sich auf einen im Hintergrund immer vorhandenen Plan bezieht.

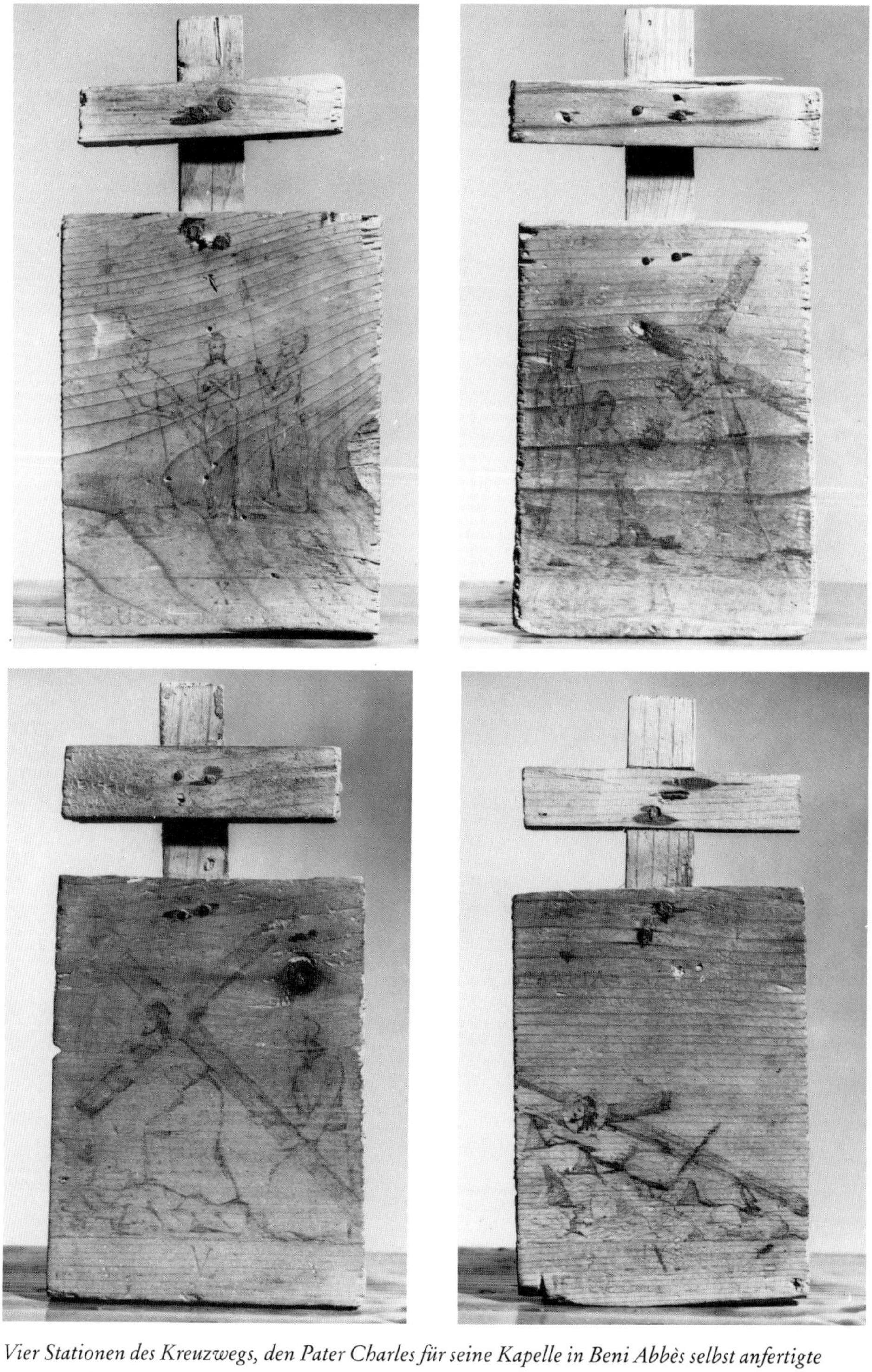

Vier Stationen des Kreuzwegs, den Pater Charles für seine Kapelle in Beni Abbès selbst anfertigte

Allein im Hoggar

Nun ist er, ein Nomade, auf dem Weg nach Süden, ein Bettelbruder, der die Freundschaft derer erbittet, denen er unterwegs begegnet. Bei der Ankunft am 2. Februar in Adrar teilt Laperrine ihm mit, die Tuareg hätten sich vor kurzem Frankreich unterworfen. Laperrine plant eine Reise durch den Hoggar und möchte sogar bis Timbuktu vorstoßen. Er bittet Foucauld, ihn zu begleiten.

Nach der gleichen Methode wie einst bei der Erforschung Marokkos sucht Foucauld den geeignetsten Ort, um die Sprache der Tuareg zu lernen, und beginnt, sie von Grund auf zu studieren. Laperrine ist bereit, wie er sagt, Foucauld „auszuklinken“ und ihn zum „ersten Pfarrer im Hoggar“ zu machen. Foucauld hofft, daß alle bevorstehenden Begegnungen von großem Wert sein werden und daß er von den Menschen, die er unterwegs sieht, viel empfangen wird. „Kontakte aufzunehmen, Bekanntschaften zu machen ist eine große Gnade Jesu.“

Unterwegs stößt die Kolonne Laperrine auf eine französische Kolonne, die aus dem Süden, aus Timbuktu, kommt. Foucauld hat die Situation schnell er-

Oberst Laperine, der seinen Freund Charles veranlaßte, den Kontakt mit den Tuareg aufzunehmen

faßt: Diese Soldaten „machen Razzien“, das heißt plündern, mißhandeln und stehlen, wo sie hinkommen. „Jeden Augenblick erfahren wir von einem neuen Gewaltakt. Ich schäme mich vor den Tuareg wegen ihrer Raubüberfälle.“ „Ich will mich auf diese Schamlosigkeiten nicht einlassen“, sagt Foucauld, für den Unrecht Unrecht bleibt und der in seinen Briefen die verantwortlichen Offiziere beim Namen nennt und von ihnen als „Plünderern, Banditen und Freibeutern“ spricht. Er schildert Bischof Guérin seine Befürchtung, die Tuareg würden keinen Unterschied machen zwischen „Soldaten und Priestern“. „Können sie in uns noch Diener Gottes, Verwalter des Friedens, Soldaten der Liebe und Brüder aller Menschen sehen?“

Foucauld ist entschlossen, die Kolonne Laperrine zu verlassen und allein unter den Tuareg zurückzubleiben. „Ich werde eine gewisse Zeit allein verbringen, um mit ihnen den Kontakt aufnehmen zu können ... Wie lange ich so bei unseren Brüdern bleiben werde? Solange, wie Jesus mir angibt.“

Fünf Monate ist Foucauld in der Wüste unterwegs. Seine Berufung, so sagt er, „hat sich nicht geändert: klein und arm zu sein wie Jesus von Nazaret“, „im Zweifel sich nach dem richten, was Jesus von Nazaret getan hat“. Nach den gleichen Perspektiven möchte er im Land der Tuareg eine Bruderschaft errichten: „Jesus in Nazaret: Gebet, Arbeit, Gastfreundschaft, das sind stets die wesentlichen Ziele der Bruderschaft.“

Wo soll die Bruderschaft erstehen? Auch dafür gelten die gleichen Grundsätze: er möchte sich in Abalessa niederlassen, dem „Herz des ganzen Tuareglandes“, dem „Zentralmarkt, wohin alle kommen“. Aber an diesem Treffpunkt möchte er seine Bruderschaft doch „ein bißchen abseits“ errichten, „um zugleich die Stille einer Zuflucht und die Nähe der Menschen zu haben“. Er möchte allen Menschen zeigen, wie er an Abbé Huvelin schreibt, „daß unsere Religion ganz Liebe, ganz Brüderlichkeit ist, daß ihr Zeichen ein Herz ist“.

Vor kaum einem Jahr hat er angefangen, die Sprache der Tuareg zu lernen, aber er hat es „Tag und Nacht“ mit allen Kräften getan, und so kann er am 17. August 1904 seinem Bischof schreiben, daß er die Übersetzung der vier Evangelien ins Tamaschek, die Sprache der Tuareg beendet habe. Er fand sie „sehr leicht, hundertmal leichter als Arabisch“.

Im Januar 1905 kehrt er nach Beni Abbès zurück. Er sieht keine klare Zukunft vor sich. Bischof Guérin befahl ihm zu warten: „Ich lerne weiter Tamaschek und bin bereit, sofort in den Hoggar zurückzukehren.“ Da erreichen ihn Nachrichten aus Marokko, und er fragt sich, ob dies nicht ein Zeichen ist, das ihn in dieses Land ruft.

Im April erhält er einen dringenden Brief von Laperrine mit der Aufforderung, den Sommer im Hoggar zu verbringen. Bischof Guérin und Abbé Hu-

Pater Charles in Tamanrasset

velin sind einverstanden. Anfang Mai bricht er auf: „Das Leben von Nazaret wird sich nach den Umständen richten wie in Beni Abbès, bei den Tuareg oder anderswo. Die Umstände werden es zeigen." Auf dem Weg nach dem Hoggar muß er, ohne etwas zu sagen, die Abfuhr und den Spott eines Postbeamten über sich ergehen lassen. Bei der Kolonne sind auch junge Forscher:

Moussa Ag Amastane, der Amenokal (Chef) der Tuareg im Hoggar, Charles gewinnt die Sympathie und Freundschaft dieses wichtigen Mannes

sie staunen über „seine außergewöhnliche Leidenschaft für die Wüste" und seine Freude an der Einsamkeit. „Unter uns nannten wir ihn den Mann, der immer meint, die Tram fahre zu nahe vorbei." Unbeirrbar geht Foucauld seinen Weg weiter. „Freund aller Menschen sein, der guten wie der schlechten", schreibt er in seinen Aufzeichnungen.

Im Juni treffen sie sich mit dem Amenokal (Führer) der Tuareg im Hoggar, Moussa Ag Amastane. Foucauld wird ihm als „Marabut, Diener des einen Gottes", vorgestellt, der den Wunsch hat, die Sprache und Sitten der Tuareg zu studieren. Foucauld erbittet seine Gastfreundschaft. Es wird beschlossen, daß er sich in Tamanrasset, einem Dorf von zwanzig Häusern im Herzen des Hoggar, niederlassen kann. Foucauld ist einverstanden, denn es ist ein „einsamer Ort", wo es niemals oder wenigstens noch lange nicht „weder Garnison noch Telegraph, noch Europäer" geben wird.

Tuareg unter den Tuareg

So beschreibt ein Mitglied der Kolonne Laperrine den siebenundvierzig Jahre alten Charles de Foucauld, der den Rest seines Lebens – elf Jahre – im Hoggar verbringen wird:

„Ich sehe ihn wieder, wie er vor mir stand, den Kopf von einer Art Mütze aus weißem Leinen mit Nackenschutz bedeckt, in einer Gandoura (Hemd) mit einem blutenden Herzen Jesu aus rotem Stoff darauf und einem Rosenkranz aus groben Perlen am Gürtel. Obwohl abgemagert durch die Entbehrungen und das Leben in der Sahara, war er durch die harte Schule der Wüste widerstandsfähig und abgehärtet geworden. Aus dem hageren Gesicht mit kurzgeschorenem, schütterem Bart blickten eindringlich seine tiefliegenden Augen, die zugleich Milde und bewußte Entschlossenheit ausdrückten. Wenig gesprächig, häufig in seine Gedanken versunken, wurde er bei der Unterhaltung nur selten lebhaft. Von Marokko und seinem vergangenen Leben, von Frankreich war kaum die Rede. Er war indessen weder mürrisch noch steif, und bei den Scherzen Laperrines lachte er oft ... Bei unseren monatelangen Fahrten aßen die drei oder vier Franzosen aus der Gemeinschaftsküche: Kuskus oder Reis, Wild, ein ‚Schuß' abgekochtes Wasser, immer die gleiche Speisekarte. Jeder holte seinen Trinkbecher und seinen angeschlagenen Emailteller herbei, man setzte sich im Schneidersitz auf die Erde und sprach über Sahara, Tuareg, Karten usw. Der Pater aß mit starkem Appetit und ohne zu sprechen. Lag ein Gewitter in der Luft, ließ er die Milchsuppe kochen, dann sprach er das Schlußwort, das alles beruhigte."

In Tamanrasset, wo Foucauld seit Anfang September allein ist, setzt er seine Tamaschek-Studien fort. „Ich bin mit Arbeit überlastet, da ich so schnell wie möglich das tuaregisch-französische und französisch-tuaregische Wörterbuch abschließen möchte." „Ich arbeite wenig mit den Händen und würde es doch so gern tun. Aber ich bin ja gleichzeitig Mönch, Priester, Sakristan, Missionar, und noch notwendiger ist im Augenblick, daß ich die Grundbegriffe der Sprache dieses Volkes lerne." Am 22. Juli schreibt er in sein Tagebuch: „Lebe, als ob du immer allein bleiben müßtest." Nicht ein Gefährte läßt sich am Horizont erblicken.

Er möchte am Leben dieses Volkes teilnehmen: „Unter diesen Leuten, die meinen Freund Morès getötet haben, bin ich der Rächer, der Böses mit Gutem vergilt." „Es ist gut, allein in diesem Land zu leben: so geschieht etwas, ohne daß man viel tut, weil man selbst ein Stück ‚Land' wird."

Der junge Führer der Tuareg – er ist fünfunddreißig Jahre alt –, Moussa Ag Amastane, besucht ihn. Lange, immer mehr freundschaftliche Gespräche.

Aus den Notizen, die Foucauld hinterlassen hat, geht hervor, daß er zuerst

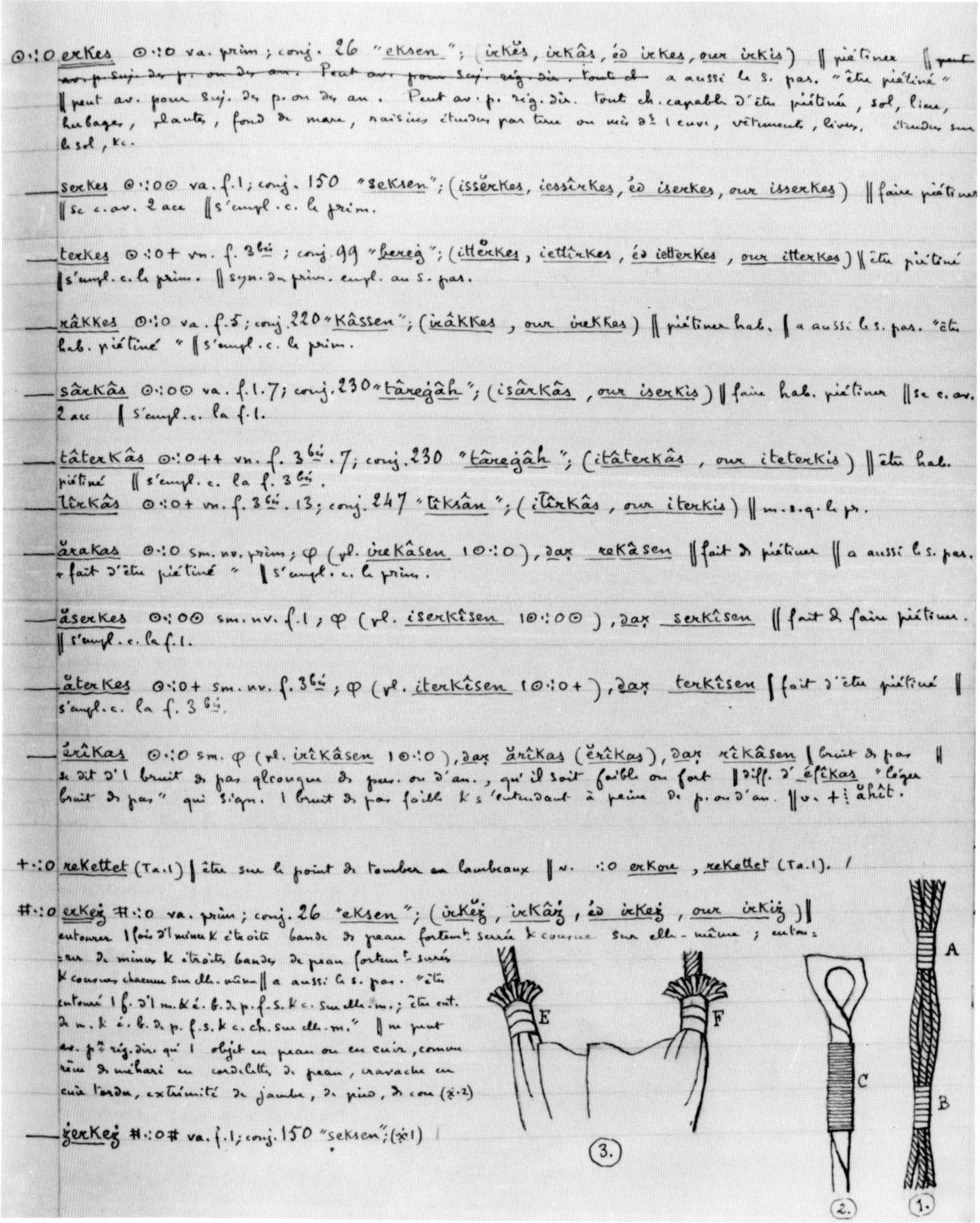
⊙:⊙ erKes ⊙:⊙ va. prim; conj. 26 "eksen"; (irkĕs, irkâs, éd irkes, our irkis) ‖ piétiner ‖ ~~peut av. p. suj. de p. ou de an. Peut av. pour suj. rég. dir. tout ch~~ a aussi le s. pas. "être piétiné" ‖ peut av. pour suj. de p. ou de an. Peut av. p. rég. dir. tout ch. capable d'être piétiné, sol, lieu, herbages, plantes, fond de mare, raisins étendus par terre ou mis ds 1 cuve, vêtements, livres, étendus sur le sol, etc.

—serkes ⊙:⊙⊙ va. f.1; conj. 150 "seksen"; (issĕrkes, iessîrkes, éd iserkes, our isserkes) ‖ faire piétiner ‖ se c. av. 2 acc ‖ s'empl. c. le prim.

—terkes ⊙:⊙+ vn. f. 3bis; conj. 99 "bereg"; (ittĕrkes, iettîrkes, éd ietterkes, our itterkes) ‖ être piétiné ‖ s'empl. c. le prim. ‖ syn. du prim. empl. au s. pas.

—râkkes ⊙:⊙ va. f.5; conj. 220 "kâssen"; (irâkkes, our irekkes) ‖ piétiner hab. ‖ a aussi le s. pas. "être hab. piétiné" ‖ s'empl. c. le prim.

—sârkâs ⊙:⊙⊙ va. f.1.7; conj. 230 "târegâh"; (isârkâs, our iserkis) ‖ faire hab. piétiner ‖ se c. av. 2 acc ‖ s'empl. c. la f.1.

—tâterkâs ⊙:⊙++ vn. f. 3bis.7; conj. 230 "târegâh"; (itâterkâs, our iteterkis) ‖ être hab. piétiné ‖ s'empl. c. la f. 3bis.
—tîrkâs ⊙:⊙+ vn. f. 3bis.13; conj. 247 "tîksân"; (itîrkâs, our iterkis) ‖ m.s.q. le pr.

—ărakas ⊙:⊙ sm. nv. prim; φ (pl. irekâsen 1⊙:⊙), dar rekâsen ‖ fait de piétiner ‖ a aussi le s. pas. "fait d'être piétiné" ‖ s'empl. c. le prim.

—ăserkes ⊙:⊙⊙ sm. nv. f.1; φ (pl. iserkîsen 1⊙:⊙⊙), dar serkîsen ‖ fait de faire piétiner. ‖ s'empl. c. la f.1.

—ăterkes ⊙:⊙+ sm. nv. f.3bis; φ (pl. iterkîsen 1⊙:⊙+), dar terkîsen ‖ fait d'être piétiné ‖ s'empl. c. la f. 3bis.

—ĕrîkas ⊙:⊙ sm. φ (pl. irîkâsen 1⊙:⊙), dar ărîkas (ĕrîkas), dar rîkâsen ‖ bruit de pas ‖ se dit d'1 bruit de pas quelconque de pers. ou d'an., qu'il soit faible ou fort ‖ diff. d'éfîkas "léger bruit de pas" qui sign. 1 bruit de pas faible et s'entendant à peine de p. ou d'an. ‖ v. + ăhît.

+:⊙ rekettet (Ta.1) ‖ être sur le point de tomber en lambeaux ‖ v. :⊙ erkou, rekettet (Ta.1).

#:⊙ erkeg #:⊙ va. prim; conj. 26 "eksen"; (irkĕg, irkâg, éd irkeg, our irkig) ‖ entourer 1 fois d'1 mince et étroite bande de peau fortement serrée et cousue sur elle-même; entourer de minces et étroites bandes de peau fortement serrées et cousues chacune sur elle-même ‖ a aussi le s. pas. "être entouré 1 f. d'1 m. et é. b. d. p. f. s. et c. sur elle-m.; être ent. de m. et é. b. d. p. f. s. et c. ch. sur elle-m." ‖ ne peut av. p. rég. dir. qu'1 objet en peau ou en cuir, comme rêne de méhari en cordelette de peau, cravache en cuir tordu, extrémité de jambe, de pied, de cou (v. 2)

—zerkeg #:⊙# va. f.1; conj. 150 "seksen"; (v. 1)

Eine Seite des Manuskripts des Wörterbuchs tuareg-französisch, das Pater Charles in Tamanrasset erarbeitete. Auch über 6000 Verse der nur mündlich weitergegebenen Tuareg-Gedichte hielt Charles schriftlich fest und vor allem vom Segen der „Belehrung“ überzeugt ist. Er will das Analphabetentum bekämpfen. Für ihne stehen Wissen und Glaube, Fortschritt und Glaube einander nicht im Wege, im Gegenteil. „Alle Wissenschaft steigert die Kräfte des Geistes, und wir begreifen den Willen Gottes um so mehr, je besser unser Geist sich entwickelt.“ „Je mehr man kennt, um so mehr liebt man.“

Er drängt Moussa, Anstrengungen für die Bildung seines Volkes zu unternehmen. Der zweite Rat bezieht sich auf die Arbeit – die vornehmen Tuareg sind gewöhnt, sie den Sklaven zu überlassen. Der dritte Rat gilt der Familie; die Frau genießt bei den Tuareg viel Freiheit, und es gibt zahlreiche Ehescheidungen. Vor allem versucht er, Moussa zu überzeugen, daß die Suche nach dem Allgemeinwohl in seinem Leben dem „eigenen Interesse“ voranzugehen hat.

Für ihn sind die Tuareg keine „Wilden“, und er macht den Europäern den lebhaften Vorwurf, eine wahrhaft menschliche Aufgabe in ihren Kolonien zu versäumen: „Unsere zivilisierten Nationen – unter denen es viele Wilde gibt, nämlich Leute, die die einfachsten Wahrheiten nicht kennen und ebenso brutal sind wie die Tuareg – machen sich schuldig, indem sie in diesen rückständigen Ländern keine Aufklärung betreiben und das Gute, die Bildung, die

Von Dassine, der Dichterin des Hoggar, die hier neben ihrem Mann, einem vornehmen Tuareg, sitzt, erhielt Pater Charles wertvolle Hilfe bei seinen Studien der Tuaregsprache

Die erste Hütte Pater Charles in dem Dorf Tamanrasset im Herzen des Hoggar, die er sich im August 1905 baute

Gesetze des Friedens nicht verbreiten. Dabei wäre dies so leicht, aber man erschöpft sich in Torheiten oder in Krieg oder sinnlosen Streitereien."

Er möchte, daß einfache, gute Christen in die Sahara kämen, um dort zu leben, kleine Kaufleute, die, anstatt „Alkoholhändler zu sein – es ist eine Schande" –, die Dinge des täglichen Lebens zu vernünftigen Preisen verkaufen sollten. Ebenso wünschte er, es kämen opferbereite „Laienschwestern" in die Sahara, „ohne den Namen oder Habit einer Ordensfrau, aber mit der Echtheit, der Wahrheit und dem Geist eines Ordenslebens."

Im Sommer 1906 ist Foucauld am Ende seiner Kraft, er meint sogar, seine letzten Tage seien gekommen. Er hat Depressionen, fühlt sich nutzlos: „Ich marschiere, ohne voranzukommen und etwas zu leisten." Er hat die Kongregation, die er errichten wollte, nicht gegründet, es ist niemand bei ihm, niemand scheint den Weg des „Lebens von Nazaret" einschlagen zu wollen. In den folgenden Monaten wird seine Erschöpfung noch größer. Er ist allein, und da er keinen Meßdiener hat, kann er nicht Eucharistie feiern, was er sehr entbehrt. Ein schwerer Zweifel erfaßt ihn: „Bewirkt meine Gegenwart hier etwas Gutes?" schreibt er am 18. November 1907. „Der Kontakt mit den Eingeborenen schenkt ihnen Vertrauen, macht sie zugänglich, läßt ihre Voreingenommenheiten und Vorurteile verschwinden. Aber es dauert recht lange, dabei kommt wenig heraus ... Man hat Mühe, nicht traurig zu werden angesichts des Ausmaßes an Bösem, das überall regiert, des wenigen Guten, der Feinde Gottes, die so eifrig am Werk sind, und der Freunde, die sich so zurückhaltend geben. Dabei fühlt man sich selbst elend nach soviel Gnaden."

Weihnachten rückt näher: „Keine Messe heute. Bis zur letzten Minute hoffte ich, es käme jemand (...) Seit drei Monaten habe ich keinen Brief erhalten. Keine Mitternachtsmesse zum erstenmal seit einundzwanzig Jahren."

Weihnachten 1907 ist ein wichtiges Datum im Leben des Bruders Charles. Es ist seine dunkle Nacht. Nicht nur sein persönliches Scheitern quält ihn, auch die allgemeine Situation. Er beschreibt seine Beobachtungen in einem Brief an Abbé Huvelin:

„In diesem riesigen Kolonialreich, das in wenigen Jahren erobert wurde und das eine Quelle von soviel Gutem für diese zurückgebliebenen Völker sein könnte, gibt es nur Habgier und Gewalt, ohne jede Sorge um das Wohl der Menschen ... Unser Algerien, es geschieht hier sozusagen nichts für die Eingeborenen. Die meisten Zivilpersonen versuchen nur, die Bedürfnisse der Eingeborenen zu vermehren, um größeren Profit daraus zu gewinnen, sie verfolgen einzig ihr Interesse. Das Militär verwaltet die Eingeborenen, indem es sie in ihrem alten Geleise beläßt ohne ernsthafte Versuche, sie zu Fortschritten zu bewegen ... So haben wir hier seit mehr als siebzig Jahren drei Millionen Moslems, für deren moralischen Fortschritt nichts geschieht. Die Million Europäer in Algerien lebt absolut getrennt von ihnen, ohne mit ihnen in Beziehung zu treten, in völliger Unwissenheit über alles, was jene betrifft, und ohne jeden näheren Kontakt mit ihnen. Man betrachtet sie als Fremde, und meistens sogar als Feinde."

Er fleht Abbé Huvelin an, zu handeln, und bittet ihn nach einem großen Schriftsteller zu suchen, der die laufenden Praktiken der Franzosen in Afrika anprangern sollte.

„Glauben Sie Ihrem Schüler, der inzwischen fast ein Greis geworden ist und der inmitten grenzenlosen Elends lebt, für das man nichts tut und nichts tun will. Obwohl man soviel Gutes tun könnte und müßte, verschlimmert man im Gegenteil den so beklagenswerten moralischen und geistigen Zustand dieser Völker, indem man in ihnen nur ein Mittel materiellen Gewinns sieht. Was die Eingeborenen an uns Christen, die sich zu einer Religion der Liebe bekennen, beobachten, was sie an den ungläubigen Franzosen sehen, die die Brüderlichkeit von den Dächern verkünden, ist Nachlässigkeit oder Ehrgeiz oder Habgier und leider beinahe bei allen Gleichgültigkeit, Abneigung und Härte."

Am Ende seiner Kräfte, erkrankt er am 2. Januar 1908 schwer. Aber da

Die Einsiedelei in Tamanrasset wird von Pater Charles im Laufe der Jahre mehrfach umgebaut und vergrößert

bringen ihm die Tuareg Milch, obwohl in diesem Augenblick gefährliche Trockenheit herrscht, und retten ihn. Am 31. Januar erfährt er, daß Bischof Guérin für ihn vom Papst die Erlaubnis erhielt, die Messe ohne Ministrant zu feiern. Ungeheure Freude. Er schöpft neue Hoffnung; was macht es schon aus, wenn „vielleicht Jahrhunderte zwischen den ersten Spatenstichen und der Ernte liegen"; er akzeptiert es. Er fährt fort, die Wege des Herrn zu bereiten, und weigert sich, das öffentliche Leben Jesu zu verkünden und nachzuahmen. „Jesus den Tuareg verkünden – ich glaube nicht, daß Jesus das will, weder von mir noch von sonst jemand. Das würde ihre Konversion nur verzögern, nicht beschleunigen. Es würde sie mißtrauisch machen und befremden." Foucauld ist ein Mann großen Zartgefühls: „Die Menschen kommen zu mir, man lernt sich nach und nach kennen, in dem Maß, wie jeder es wünscht, ohne mir Zudringlichkeit vorwerfen zu können."

Rückkehr zum Evangelium

1908 wird Charles de Foucauld fünfzig Jahre alt: „Meine Sendung muß das Apostolat der Güte sein. Wenn man mich sieht, muß man sich sagen: ‚Weil dieser Mensch so gut ist, muß auch seine Religion gut sein.' Werde ich gefragt, warum ich mild und gut bin, muß ich antworten: ‚Weil ich der Diener eines bin, der viel besser ist als ich. Wenn Sie wüßten, wie gut mein Meister Jesus ist!' Ich möchte so gut sein, daß man über mich sagen kann: ‚Wenn der Diener so ist, wie ist dann erst der Meister?'"

Den Empfängern seiner Briefe macht er immer den gleichen Vorschlag: „Rückkehr zum Evangelium". Aber dieses Evangelium hat nichts Trauriges: „Menschlich, barmherzig und immer fröhlich sein. Vor allem muß man lächeln, auch um die einfachsten Dinge zu sagen", erklärt er einem Arzt, der sich einige Wochen im Hoggar aufhält. „Wie Sie sehen, lache ich immer, zeige meine häßlichen Zähne. Dieses Lächeln versetzt den andern, der mit mir spricht, in gute Stimmung." Dieser Arzt sollte später über Bruder Charles bezeugen: „Père de Foucauld wuchs im Gegensatz zu manchen berühmten Leuten unendlich, wenn man ihm jeden Tag und aus der Nähe begegnete." 1910 wird Moussa Ag Amastane nach Frankreich eingeladen. Sein Ansehen soll durch diese Reise erhöht werden. Moussa besucht auch Frau de Blic, die Schwester von Bruder Charles, dem er danach schreibt: „Ich habe deine Schwester gesehen und verbrachte zwei Tage bei ihr; ich habe ihr Haus und ihre Gärten besucht, aber Du, Du in Tamanrasset bist wie der Meskin." Der Meskin ist der Besitzlose, der Arme, der Elende.

1910 kehrt Laperrine nach Frankreich zurück. Dazu verliert Foucauld auf einmal Abbé Huvelin und Bischof Guérin. Dieser stirbt mit siebenunddreißig Jahren an den Folgen eines harten Lebens, das er auf sich genommen hatte. Foucauld hatte viel auf seinen Bischof gesetzt, der ihm statt der Kongregation, von der er träumte, helfen sollte, eine kleine Vereinigung von Brüdern

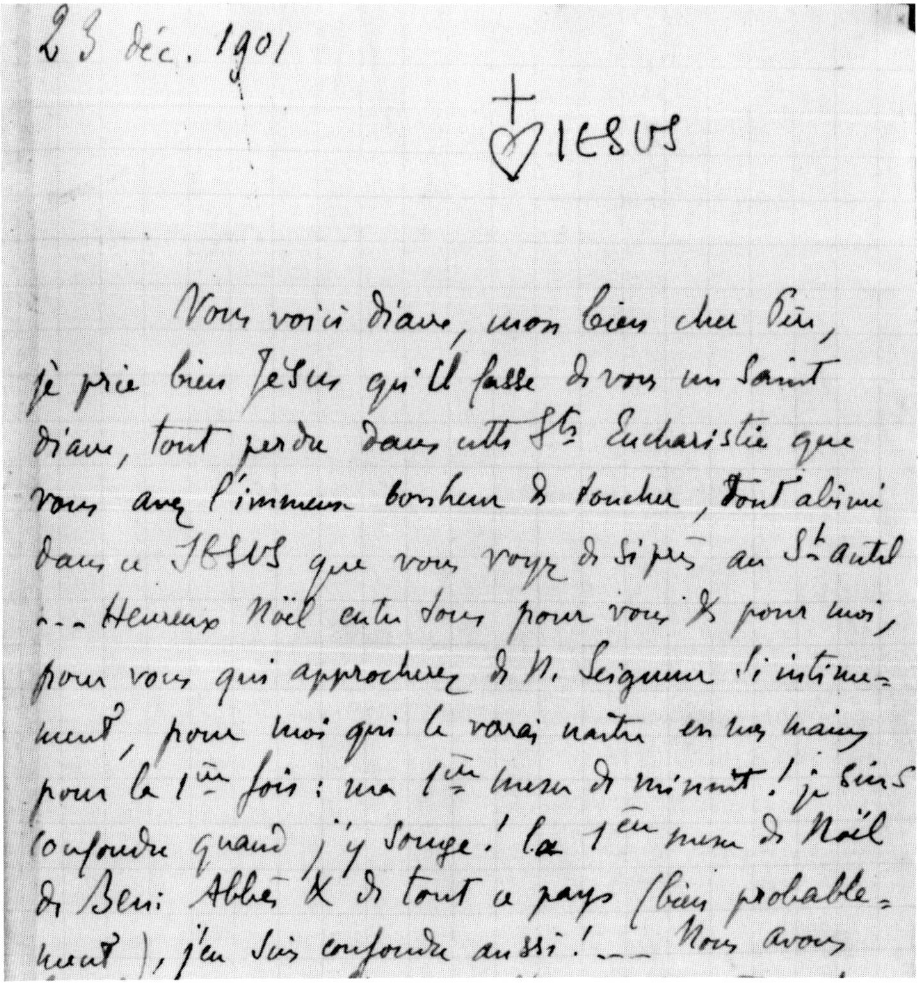
23 déc. 1901

† IESUS

Vous voici diacre, mon bien cher Père,
je prie bien Jésus qu'Il fasse de vous un Saint
diacre, tout perdu dans cette Ste Eucharistie que
vous avez l'immense bonheur de toucher, tout abîmé
dans ce JESUS que vous voyez de si près au St autel
... Heureux Noël entre tous pour vous & pour moi,
pour vous qui approcherez de N. Seigneur si intime-
ment, pour moi qui le verrai naître en mes mains
pour la 1re fois: ma 1re messe de minuit! je suis
confondu quand j'y songe! la 1re messe de Noël
de Beni Abbès & de tout ce pays (bien probable-
ment), j'en suis confondu aussi! ... Nous avons

Ein Brief Pater Charles an den Trappistenpater Jérome

Rechts: Der Tuaregprinz Ouksen, den Bruder Charles besonders förderte und auch auf einer Reise nach Frankreich mitnahm

Folgende Seiten: Der Innenhof der als Festung angelegten Einsiedelei in Tamanrasset, die Bruder Charles 1916 als Fluchtburg für die Bevölkerung erbaute

Der noch durch eine Vormauer geschützte Eingang in die Festungseinsiedelei von Tamanrasset. Neben dieser Mauer wurde Bruder Charles am 1. Dezember 1916 ermordet

und Laien im Geist von Nazaret zu gründen. Um diese Vereinigung zu errichten, ist Bruder Charles im Jahr zuvor, Januar bis Februar 1909, nach Paris gereist und dann wieder 1911 und 1913. Unter den Freunden, mit denen er 1913 in St-Augustin die Messe feierte, befand sich Louis Massignon, ein junger Orientalist von hoher Qualifikation. Foucauld hoffte ein wenig, er werde zu ihm nach Tamanrasset kommen und dort bleiben. Bei seiner Frankreichreise von 1913 läßt er sich von einem 21jährigen Tuareg begleiten, Ouksem, um ihm während der Reise alles zu zeigen und ihn zu unterrichten.

Während dieses Aufenthalts – es ist sein letzter in Frankreich – schreibt Foucauld „Aufzeichnungen über die Sklaverei im Hoggar“. Er zeigt auf, wie zu verfahren ist, um die „allmähliche Milderung der Sklaverei und ihre endliche Aufhebung“ herbeizuführen.

Er ist noch immer voll von Plänen: So unternimmt er Schritte, damit sich junge Wissenschaftler einige Jahre ihres Lebens dem Studium des Hoggar widmen, damit junge Pädagogen dorthin kommen können, um „eine französisch-tuaregische Schule zu gründen“.

Vor allem aber versucht er, für seine Vereinigung zu werben und Fuß zu fassen, deren Statuten er schon an Ostern 1908 niedergelegt hat. Es handelt sich darum, zu den Tuareg im allgemeinen und zu den christlichen Tuareg im besonderen – die Vereinigung wendet sich über den Hoggar hinaus an alle Länder – Christen aller Berufe einzuladen, Landwirte, Kaufleute, Handwerker, die „zum Evangelium zurückkehren“ und besonders das Leben von Nazaret führen wollen. „Indem sie das Böse hassen, sollen sie die Menschen lieben. Sie sollen Prozesse meiden, ‚nicht vor den Tribunalen kämpfen‘, sondern eher von ihren Rechten abgehen statt zu streiten, ‚Beleidigungen anhören‘, ‚Betrug ertragen‘ in Erinnerung an die Worte ihres göttlichen Meisters: ‚Ich sende euch wie Schafe mitten unter die Wölfe‘, und an sein Beispiel: Er, der sich, ‚wie ein Lamm zur Schlachtbank‘ führen ließ und ‚wie ein Schaf wurde vor dem, der es schert‘. Sie sollen unaufhörlich vor Augen haben, daß alle Menschen Kinder des himmlischen Vaters sind, der wie ein guter Vater in seiner großen menschlichen Familie die Einheit sehen will: ‚Ihr seid alle Brüder, ihr habt einen einzigen Vater, der im Himmel ist.‘ Wenn sich die Menschen streitsüchtig und ungerecht zeigen, wollen wir ihnen nachgeben, solange es sich nur um materielle Güter handelt und solange es ohne Verletzung der Gerechtigkeit und ohne Schaden für die Seelen möglich ist.“

Links: Das Grabmal des kleinen Bruders Charles von Jesus in El Golea, wohin seine Gebeine aus dem Grab in Tamanrasset überführt wurden

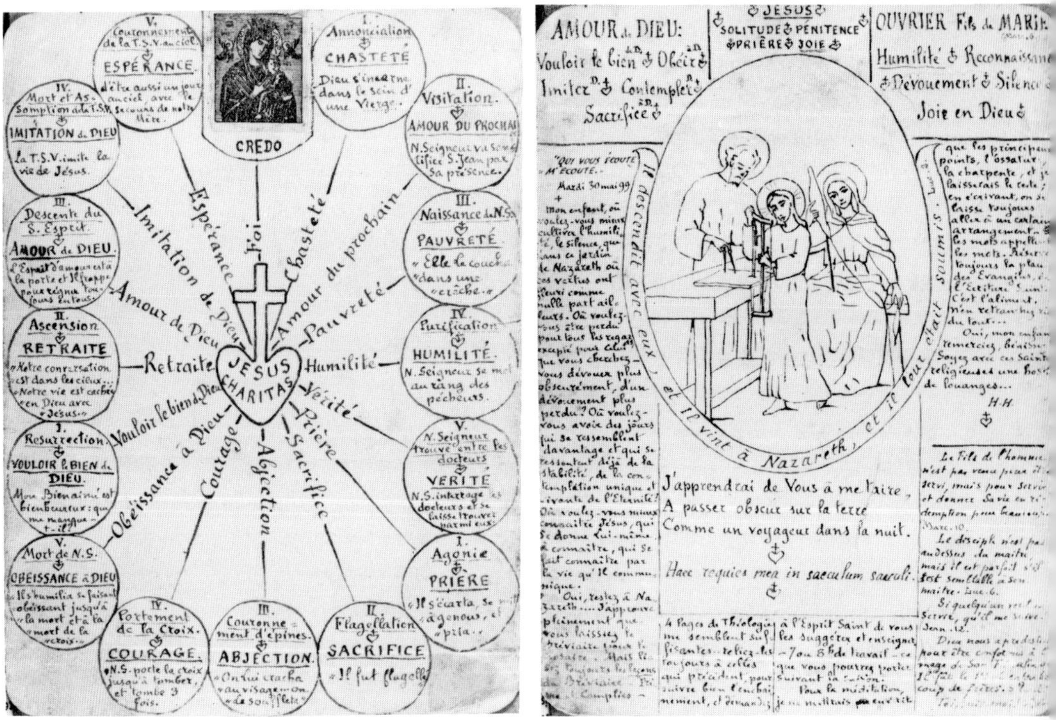

Vorder- und Rückseite einer Meditationstafel, die sich Pater Charles über die Geheimnisse des Rosenkranzes anfertigte

Foucauld, der ein Waisenkind und ein Konvertit gewesen war, der eine Familie und einen Glauben wiedergefunden hatte, betrachtet sämtliche Ungläubige als „Waisen und verlassene Kinder“, denen man wieder einen Vater geben muß, wie es ihm geschah dank der Güte seiner Cousine und des Abbé Huvelin. Seine Methode ist das Gegenteil einer Eroberungsaktion, wo es darum ginge, der Kirche Volksmassen mit triumphalistischem Bekehrungseifer zuzuführen. Man muß diese Ungläubigen lieben, wie sie sind, ohne etwas zu verlangen; so aber können sie vielleicht eines Tages das Herz des Vater-Gottes begreifen. Für Foucauld ist dies ganz klar: das Programm der Mitglieder dieser Vereinigung wird heißen: „Liebe um Liebe; Güte um Güte.“ „Voll glühender Liebe zu den Brüdern mit ihnen in Kontakt treten und ihre Freunde werden; sie zuerst lieben und ihre Liebe erwerben, sie zur Tugend führen. Und von der Tugend und vom guten Willen zur Wahrheit.“

Man muß eine Liebe leben, die immer zur Hingabe bereit ist. „Jedes menschliche Wesen als seinen geliebten Bruder betrachten.“ „Ablehnung jeder Gewaltmethode: den *militanten* (aggressiven) Geist verjagen. Jesus hat uns gelehrt, ‚wie die Schafe unter die Wölfe zu gehen' und nicht mit Schärfe und Härte zu sprechen, zu beleidigen und nach den Waffen zu greifen." Aber wie bringt man es zu einem solchen Leben? „Unaufhörlich das Evangelium lesen und es wieder lesen, um immer die Taten, die Worte und Gedanken Jesu vor Augen zu haben, um wie Jesus zu denken, zu sprechen und zu handeln." Ist das nicht ein unmögliches Wagnis? „Die Anwendung ist schwierig, weil sie an die grundlegenden Dinge, an das Innerste der Seele rührt und weil sie alles fordert. Aber die Schwierigkeit ist nicht da, um das Begonnene aufzuhalten: Je größer sie ist, um so mehr heißt es im Gegenteil, sich eilig ans Werk zu machen und aus allen seinen Kräften daran zu arbeiten. Gott hilft immer denen, die ihm dienen. Gott läßt den Menschen nicht im Stich: es ist der Mensch, der so oft Gott im Stich läßt."

1910 hat er die Statuten seiner *Vereinigung* nach Rom gesandt, um sie genehmigen zu lassen. Er wird niemals eine Antwort erhalten. Im August 1914 hat er den Plan gefaßt, Anfang 1915 nach Frankreich zurückzukehren – auf den Rat von Abbé Huvelin, alle zwei Jahre nach Frankreich zu reisen, um die *Vereinigung* voranzubringen.

Abbé Crozier, ein Priester aus Lyon, versucht, die Gedanken Foucaulds zu verbreiten, um Helfer zu finden, die sich mit wahrer Güte und echtem kulturellem Einsatz für alle zur Verfügung stellen würden. Wie einst Aquila und seine Frau Priska dem Apostel Paulus große Dienste geleistet haben, braucht man Christen, die ebenso handeln, demütig und zugleich realistisch. Foucauld wird nicht müde, an diese *Vereinigung* zu denken, er arbeitet immer weiter an deren Statuten, indem er sie vereinfacht, um sich besser verständlich zu machen. Der Krieg hinderte ihn, nach Frankreich zu reisen, aber er wollte nach dem Frieden für längere Zeit kommen, um eine *Vereinigung* zu errichten, die er für dringend notwendig hielt. Zwei Monate vor seinem Tod schreibt er ausführlich über die Notwendigkeit der Priskas und Aquilas, über „ihre individuelle und über ihre gemeinsame Aktion". Er wird bis zuletzt allein bleiben. Aber selbst diese Einsamkeit wird ihm über alle Vorschriften und Schwierigkeiten hinaus eine sich immer mehr vertiefende Nähe zu Jesus von Nazaret schenken.

„Wenn das Weizenkorn nicht stirbt ..."

Der Foucauld der Sahara ist unaufhörlich an der Arbeit. Unermüdlich setzt er seine wissenschaftlichen Studien fort, die ihn bis zu seinem Tod in Anspruch nehmen, die Studien über die Sprache und Sitten der Tuareg. Er verwendet ungeheuer viel Zeit dafür, bis zwölf Stunden pro Tag. Man zitiert ihm Sprichwörter oder Poesie, er sammelt alles. Alles zusammen ergibt dies ein Material, das, wie die Ethnologen anerkennen, ohne ihn unrettbar verloren gewesen wäre.

Seit 1910 ist Foucauld immer mehr allein in Tamanrasset. Er schließt sich dort keineswegs ein, sondern er forscht weiter, er beschließt, noch tiefer in den Süden zu gehen, in das Hoggar-Gebirge, nach dem Asekrem.

Der Asekrem ist für ihn ein abgeschiedener Ort, das Gegenteil von Tamanrasset, das ein Dorf ist, aber zugleich ein Platz, wo die Karawanen einkehren. Aber wenn Foucauld sich dort niederlassen will, so geschieht es noch aus einem anderen Grund: Der Asekrem ist eine außerordentlich schöne Gegend: „Hier oben hat man", schreibt er seiner Cousine, „eine wunderbare, ja phantastische Aussicht: Man blickt auf ein wahres Gewirr wilder und seltsamer Felsnadeln." An anderer Stelle sagt er: „Die Aussicht ist schöner als man beschreiben oder sich ausmalen kann ... nichts kann die Vorstellung wiedergeben von dem Wald von Spitzen und Felsnadeln, der einem zu Füßen liegt. – Wunderbar."

Gewiß, Foucauld will wegen der Einsamkeit und auch wegen der Nomaden, die vorüberziehen, auf den Asekrem gehen. Aber vielleicht und vor allem war es die Freude, dort zu leben. „Ich bin in meinem Bergschloß, wie Sie sagen, wahrhaft verzaubert von meiner Residenz, der schönsten auf der ganzen Welt." (Der Asekrem liegt 60 km *nördlich* von Tamanrasset in 2700 m Höhe.)

Der Bau wurde im Juli 1910 fertig; er besteht nur aus zwei Räumen, das ganze Haus ist 8 m lang und 4 m breit. Foucauld möchte in Zukunft sein Leben zwischen dem Asekrem und Tamanrasset teilen. (Das Häuschen kostete 1700 Francs, die er von seiner Cousine und Abbé Huvelin bekommen hat.) Auch in Tamanrasset baut Foucauld ein Haus, 16 m lang und 2 m breit.

Nun ist Foucauld in der Wüste. Die Wüste ist ein Ort, wo man stark sein muß, stark wie die kräftigen Tuareg. Die Wüste ist aber zu gleicher Zeit auch ein Ort, wo der Mensch mehr als anderswo Freunde braucht. Sonst ist er verloren. Foucauld erlebt an sich selbst dieses Paradox und diesen Widerspruch. Er ist eine sehr starke Persönlichkeit und liebt die Einsamkeit; er ist ein einsamer Mensch, der die anderen braucht, der sich nach der Freundschaft anderer sehnt. Ist dieser Mensch der Wüste nicht die Vorwegnahme des anonymen Menschen, der in der Wüste der modernen Städte und ihrer Massen lebt? Aus dem Abgrund seiner Wüste ruft Foucauld, daß der Mensch die Einsamkeit mit einem geliebten Wesen und die Freundschaft mit allen braucht, daß der Mensch nur in Ehrfurcht vor Gott und in der Hingabe an die andern, in der Freundschaft und der Achtung vor den andern leben kann. Dies ist ein unauflösbarer Widerspruch.

Im Mai 1912 reitete Charles nach der Oase Silet im Süden des Hoggar. Hier begegnet er Landsleuten, die die Möglichkeiten einer Transsaharabahn untersuchen

Foucauld nimmt lebhaft Anteil an den Problemen der Zeit. Er drängt zur Verwirklichung der Transsahara-Eisenbahn: „Der Bau dieser Eisenbahn ist einer meiner dringendsten Wünsche." Er hat alle möglichen Pläne. Aus dem Hoggar wird nach seiner Vorstellung „ein stark besuchtes Erholungsgebiet, wenn einmal die Eisenbahn gebaut ist; hier gibt es störungsfreies Schönwetter, sehr trockene und gesunde Luft, Höhenunterschiede zwischen 700 und 3000 Metern, so daß man immer nach Wunsch die Temperatur entsprechend der Höhe wählen kann." Er bedankt sich bei seiner Cousine für einen Artikel, den sie ihm schickte: „Dank auch für den Artikel über die Durchquerung der Sahara im Flugzeug. Das wird vermutlich eines Tages möglich sein. Und sogar leichter, als jene glauben, die den Artikel geschrieben haben."

Foucauld beurteilt die Probleme aber auch mit warnenden Vorbehalten. 1912 sieht er schon voraus, daß Algerien, Marokko, Tunesien und die Sahara fünfzig Jahre später 60 Millionen Einwohner haben werden. „Wenn wir das göttliche Gebot der Nächstenliebe und der Brüderlichkeit, das uns überall von den Mauern entgegentönt, vergessen und diese Völker weiter als Ausbeutungsobjekte behandeln, wird sich die Einheit, die wir ihnen verschaffen, gegen uns wenden, und sie werden uns beim ersten europäischen Konflikt ins Meer werfen."

Er bleibt auch weiterhin Forscher; 1912 schreibt er: „In diesen Ländern, wo alles noch unbekannt ist, läßt jedes Ding, das man erfährt, eine Menge anderer ahnen, die man noch nicht kannte; je mehr man weiß und sieht, um so mehr gibt es darüber hinaus, was man nicht weiß. Das erlebe ich jeden Tag, seitdem ich bei den Tuareg bin. Das ist es, was den Abschluß meiner Arbeiten, mit denen ich mich seit langem mit aller Kraft beschäftige, unendlich verzögert." Foucauld wird niemals fertig sein, er wird niemals ans Ende kommen. Ein Jahr vor seiner Konversion hatte er einem Freund auf dessen Frage geschrieben: „Endgültig, Du weißt, wie dieses Wort zu verstehen ist. Wir beide, Du und ich, sind viel zu sehr Philosophen, um uns etwas Endgültiges vorzustellen." Aber sein Glaube, seine glühende Liebe, auch sie, haben ihn außerhalb der breitgetretenen Pfade unablässig der Vollendung entgegengeführt.

Ende 1912 beginnen die ersten Unruhen in der Sahara. Seitdem die Türken mit Italien Krieg führen, machen sie große Anstrengungen, um in ganz Libyen den Heiligen Krieg zu verkünden. (Der Hoggar liegt im Südwesten von Libyen.) Einige Stämme der Tuareg benutzen diese Unruhen zu Raubzügen und Plünderungen. Die besten Franzosen, die im einheimischen Handel tätig sind, werden vertrieben. Foucauld schreibt einem von ihnen: „Meine Handfläche kann die Sonne nicht verdecken, wie das Sprichwort der Tuareg sagt; am Ende dringt die Wahrheit ans Licht ... Ich bin keineswegs überrascht über den Neid und die niedrigen Machenschaften, deren Gegenstand Sie sind. Aber lassen Sie sich nicht verwirren ... Wer auf der stetigen Suche nach dem Gemeinwohl und unter Zurückstellung der eigenen Interessen den geraden Weg unbescholten weitergeht, lebt in innerem Frieden und im Gefühl, seine Pflicht zu erfüllen; und diese sind das größte Glück auf Erden ..."

Foucauld bedauert, daß die Eingliederung in das Milieu der Eingeborenen sich nicht genügend weiterentwickelt und daß man diese nicht kennt, wie sie wirklich sind. „Seit zweiunddreißig Jahren habe ich Nordafrika nicht mehr verlassen (abgesehen von meinen Aufenthalten in der asiatischen Türkei, Armenien und im Heiligen Land zwischen 1890 und 1900); ich sehe niemand, weder Offizier noch Missionar, noch Siedler, der die Eingeborenen genügend kennt. Ich selbst kenne einigermaßen mein Stückchen Erde hier bei den Tuareg, das übrige jedoch nur ganz oberflächlich ... Es gibt einen Mißstand, dem man abhelfen muß: die Verwaltungsbeamten, die Offiziere, die Missionare bräuchten *einen viel engeren Kontakt* mit der Bevölkerung und *längeres Verbleiben* auf dem gleichen Posten."

Foucauld nennt jetzt Nazaret als Beispiel einer solchen Verwurzelung, und Laperrine wird später darüber schreiben können: „Man fragt oft, ob Père de Foucauld viele Konversionen erreicht habe. Nein, nicht eine einzige, und was noch mehr ist, er versucht es auch nicht. Er sagt, die Konversion des moslemischen Volkes könne nicht in wenigen Jahren geschehen. Er versucht schlicht, die christliche Moral zu verwirklichen, und behauptet sich bei allen durch die Redlichkeit seines Charakters, durch seine Güte, die Gerechtigkeit seines Urteils und seine Selbstlosigkeit."

1914 bricht der Krieg aus, Foucauld blickt nach Straßburg, seiner Geburtsstadt, und seine Gedanken wenden sich seinen alten Waffengefährten zu, die an der Front stehen. Bald werden seine Freunde zu Dutzenden bei den Kämpfen fallen. Foucauld fragt sich, ob er nicht als Feldgeistlicher oder Sanitäter nach Frankreich gehen solle. Laperrine befiehlt ihm, in Tamanrasset zu bleiben. Die Italiener in Tripolitanien haben sich zurückgezogen, und der Stamm der Senussi, der sie bekämpft (ihr Zentrum ist die Oase Kufra), schleicht sich überall in das Hoggar ein.

Aufruhr unter den Tuareg. Foucauld gerät in Angst vor den zunehmenden Plünderungen. Er läßt sein Haus in Tamanrasset so schnell wie möglich fertigstellen und baut es zu einem kleinen Fort aus, um die Harratins, die schwarzen Sklaven, aufnehmen zu können, die dauernd von den Räubern überfallen werden.

Wegen des Krieges kann er nicht mehr auf den Asekrem steigen, während er doch kurz davor noch geschrieben hatte: „Es ist mir eine wahre Wohltat, auf dem Asekrem mit seiner so schönen Natur, seinem weiten Horizont und seinem starken Wind wohnen zu können." Auch das ist ihm versagt.

Die Spannungen zwischen den Stämmen der Tuareg verstärken sich. Foucauld arbeitet weiter für den Fortschritt der Bevölkerung. Er wünscht nur eines: daß die Eingeborenen zu mehr Wohlstand, Entfaltung und Freiheit gelangen. Ob sich ein solcher Fortschritt mit oder ohne Frankreich verwirklicht, ist für ihn eine zweite Frage. Die wichtigste Frage ist für ihn der geistliche und menschliche Aufstieg seiner Freunde, der Tuareg. Er will, daß die Tuareg von der französischen Verwaltung Gerechtigkeit erfahren. „Wir erweisen ihnen keine Gerechtigkeit und lassen sie ihnen nicht zuteil werden: Seit zwei Jahren haben sie keine Wiedergutmachung erhalten für Diebstähle, darunter einer mit Mord, die von Leuten aus Französisch-Ostafrika begangen wurden und gegen die sie wiederholt bei unseren Offizieren Beschwerde eingelegt haben. Die Zahl der Kamele, die ihnen gestohlen wurden und für die sie direkt bei ihrem Vorgesetzten Klage erhoben haben – es ist jetzt beinahe zwei Jahre her –, beträgt mehr als fünfzig. Es gab bisher noch keine Lösung." „Kamele werden aus Gründen beschlagnahmt, die nichts mit dem öf-

Charles baute 1916, einen Kilometer von seiner alten Einsiedelei in Tamanrasset entfernt, eine Fluchtburg für die umwohnende Bevölkerung. Die Mauern dieser letzten Behausung des Einsiedlers sind 2 m dick und außerdem fast 8 m hoch. Nur ein Tor an der Südfront dieser Festung führt in das Innere, wo Charles auch einen Brunnen gegraben hatte. Neben der Mauer, die als weitere Sicherung vor dem Eingang errichtet ist, wurde Bruder Charles von Jesus am 1. Dezember 1916 von einem 16jährigen Mitglied einer Fellachen-Bande erschossen

fentlichen Interesse zu tun haben. Der Preis für die beschlagnahmten Kamele wird oft nach dem Augenschein berechnet. Das Ergebnis ist lächerlich. Die Kamele erhalten nicht die notwendige Pflege; sie gehen bei den Eilmärschen ein, weil sie nicht trainiert sind, und dies ohne Entschädigung für die Eigentümer usw. usw. ..."

Foucauld ist Freund und Nachbar der durchziehenden Tuareg. Alle ihre Fragen, Sorgen und Angelegenheiten, ob immateriell oder materiell, sind seine eigenen. Sie reden darüber gern mit ihm, ebenso gern hört er ihnen zu. Er hat ihre Sprache gelernt; er begnügt sich nicht mit bloßem Radebrechen, er kennt ihre Sprache gründlich, er will „tuaregisch" denken und das Leben seiner Freunde leben. Er trinkt Tee und teilt die Mahlzeit mit ihnen bei brüderlichem Gespräch. Alle Grenzen sind überwunden.

Man möchte, daß Foucauld Tamanrasset verlasse, da es gefährlich geworden ist. Aber er will bei den Harratins bleiben. „Ich habe meine Einsiedelei in eine kleine Festung umgebaut. Es gibt nichts Neues unter der Sonne. Wenn ich meine Schießscharten betrachte, denke ich an die befestigten Klöster und Kirchen des zehnten Jahrhunderts. Wie doch die alten Geschichten wiederkommen und das, was man für immer für verschwunden hielt, von neuem erscheint! Man hat mir sechs Kisten Kartuschen und dreißig Karabiner übergeben, die mich an unsere Jugend erinnern", schreibt er einem befreundeten Offizier. Doch Festung und Waffen sind nur dazu da, um die Armen zu verteidigen. Die Armen haben es übrigens gut verstanden; sie stehen zu Foucauld: Am 20. September hat ein heftiger Alarm die Haltung der eingeborenen Bevölkerung gezeigt. „Sie hat sich um den Offizier, der das benachbarte Fort befehligte, und um mich geschart und ist bereit, das Fort und die Einsiedelei zu verteidigen. Diese Treue hat mir gutgetan, und ich bin diesen armen Menschen dankbar, die sich in die Berge hätten flüchten können, wo sie nichts zu fürchten haben, aber sie wollten sich lieber im nächsten Fort und in meiner Einsiedelei einschließen, obwohl sie wußten, daß der Feind Kanonen hatte und die Bombardierung sicher kommen würde."

Am Freitag, dem 9. Dezember 1916, umzingeln nach Einbruch der Dunkelheit vierzig bewaffnete Männer in aller Stille das Einsiedler-Fort. Foucauld ist allein darin. Wahrscheinlich wollen ihn die Senussi als Geisel nehmen, mehr nicht.

Unter ihnen ist El Madani, ein Harratin, den Foucauld gut kennt. Er hat den Auftrag, ihn zu rufen und hinauszulocken. El Madani klopft an die Türe, sagt seinen Namen und meldet den Boten. Foucauld öffnet die Türe und streckt die Hand entgegen. Man reißt ihn hinaus und befiehlt ihm niederzuknien. Die Hände und Füße werden ihm gefesselt, um ihn auf ein Kamel he-

Die letzte Fotografie des kleinen Bruders Charles von Jesus aus dem Jahr 1915

ben zu können. Während die Senussi die Einsiedelei plündern, wird Foucauld von einem fünfzehnjährigen Jungen bewacht.

Plötzlich gibt es Alarm, Kamelreiter kommen. Der junge Wächter wird kopflos – hat Foucauld eine Bewegung gemacht? –, preßt die Mündung seines Gewehrs auf den Kopf Foucaulds und drückt ab. Alles ist sehr schnell geschehen: Zwischen der Ankunft der Senussi und dem Tod Foucaulds liegt nur eine Viertelstunde.

Foucauld stirbt am Beginn des zwanzigsten Jahrhunderts, wo so viele Menschen sterben werden, ermordet wie er, Opfer von Konflikten aller Arten! Er wollte den Armen einen Schutz bieten. Das Einsiedler-Fort und seine Persönlichkeit waren ein Ziel für die Gruppe von Männern, die eine Geisel und Waffen suchten. Er starb wie so viele Unschuldige, die Opfer rechtloser Gewalt wurden.

Er starb in einem Land im Herzen Afrikas, das ein Teil dessen ist, das bald Dritte Welt heißen wird, ausgeschlossene, von den reichen Nationen nicht anerkannte Dritte Welt. Er wollte den armen Völkern dienen und ihnen helfen, eine menschenwürdige Existenz zu finden.

Foucauld starb allein, in der Wüste. Wie sehr hatte er gewünscht, Gefährten zu finden, um mit ihnen das Leben von Nazaret zu führen, das er sich unaufhörlich ersehnte, das er unablässig mit glühendem Eifer und zugleich nüchternem Geist verwirklichen wollte. Er hat das Evangelium gelebt. Er überzeugte zuerst nicht durch gesprochene oder geschriebene Worte, sondern durch Taten. Für ihn, und das ist der Sinn von Nazaret, ist wichtiger, das Evangelium zu leben, als es zu verkünden. Denn wie kann man es verkünden, wenn man es nicht zuerst lebt?

Seine Sache war nicht, eine bestimmte „Lektüre“ des Evangeliums zu erstellen – das Leben ist mehr als ein Text –, er war ein lebendes Evangelium. Mit dem heiligen Johannes rief er: „Wer nicht liebt, ist ein Menschenmörder.“ Das hat er gelebt. Er wollte den Armen die Eucharistie bringen, jenen, die von überall her kommen, die Gott am fernsten stehen. Wenn die Spendung des Leibes und des Blutes des Auferstandenen nicht an den „Letzten“ geschieht, dient es nur zur Festigung von Macht und Herrschaft. Das „Tut dies zu meinem Gedächtnis“ fordert dazu auf, das Verhängnis des Hasses abzuschaffen. Foucauld wollte ein „Bruder aller Menschen“ sein, der in jedem einen Bruder sieht. Er ist einsam gestorben, kein Mensch, kein Bruder war bei ihm, er ist gestorben wie das Weizenkorn, das in der Erde stirbt.

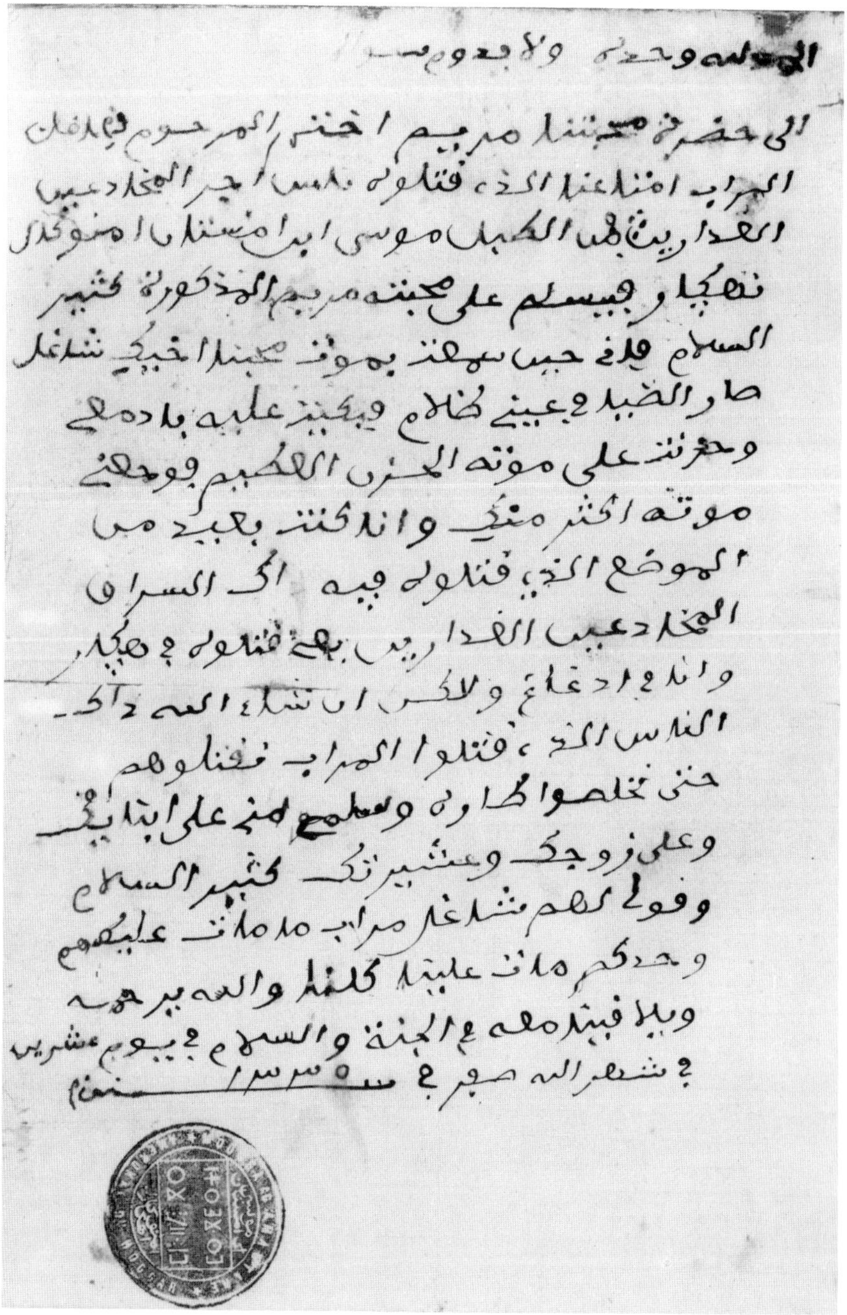
الحمد لله وحده ولا يدوم الا ملكه

الى حضرة محبتنا مريم اخت المرحوم فلافل
المرابط امنلاغنا الذي قتلوه اهل اجر الغدارين
الغدارين اهل الكبائر موسى ابن امستان امنوكال
اهكار و يسلم على محبته مريم المذكورة بكثير
السلام ولاغ حين سمعت بموت محبتنا اخيك شارل
صار الضيا في عيني ظلام ويبكين عليه بادمعي
وحزنت على موته الحزن الكبير وحزني
موته اكثر منك وانا نحن بعيد من
الموضع الذي قتلوه فيه اهل السراق
الغدارين الغدارين بعد قتلوه في اهكار
وانا في ادغاغ ولكن ان شاء الله
الناس الذي قتلوا المرابط نقتلوهم
حتى نخلصوا ثاره ويسلم منا على ابنائك
وعلى زوجك وعشيرتك بكثير السلام
وقول لهم شارل مرابط ما مات عليكم
وحدكم مات علينا كلنا والله يرحمه
وبلا فنتلاقى معه في الجنة والسلام في يوم عشرين
في شهر الله صفر في سنة ١٣٣٥

Beileidsbrief des Amenokal der Tuareg nach der Ermordung Charles an seine Schwester Marie de Blic

„... Wenn es aber stirbt, bringt es viele Frucht“

Die Gefährten, die Charles de Foucauld zeit seines Lebens vergeblich gesucht hatte, fanden sich später doch ein:

Die Vereinigung der *Kleinen Brüder Jesu* wurde 1933 als Kongregation bischöfl. Rechts in El-Abiodh-Sidi-Cheikh (Sahara) gegründet; 1936 wurde sie kanonisch errichtet und erhielt 1957 ihre Bestätigung und endgültige Satzung. Damit fand die durch Leben und Schriften des Charles de Foucauld vermittelte Geistigkeit ihre Anerkennung.

Die Kleinen Brüder Jesu leben in „Bruderschaften“ von 3 oder 4 Mitgliedern unter der Leitung eines „Verantwortlichen“ (Oberen) in Milieus, die der Missionierung sonst schwer zugänglich sind, und unter verachteten Minderheiten.

Um den liturgischen Dienst in den Bruderschaften zu versehen, ist eine gewisse Anzahl der Kleinen Brüder Jesu Priester; alle aber werden Brüder genannt, erhalten die gleiche philosoph.-theolog. Bildung und können mit denselben Ämtern betraut werden. Nur das Amt des Generalpriors setzt das Priestertum voraus. – Ordenskleid: beim Gottesdienst graue Kutte mit Stoffkreuz, sonst landesübliche einfache Kleidung mit kleinem Metallkreuz.

Die Kleinen Brüder Jesu haben z. Zt. 89 Niederlassungen mit 276 Mitgliedern, davon 77 Priester. Das Generalpriorat ist in London.

Die Vereinigung der *Kleinen Schwestern Jesu* wurde 1939 bei Touggourt (Sahara) gegründet und 1947 als Kongregation bischöfl. Rechts kanonisch errichtet; ihre Satzung wurde 1956 bestätigt.

Geisteshaltung und Lebensform der Kleinen Schwestern Jesu entsprechen denen der Kleinen Brüder Jesu. Alle Kleinen Schwestern Jesu erhalten eine theolog. Ausbildung (1 Jahr). – Ordensgewand: an Festen weißes, sonst einfaches blaues Gewand mit Stoffkreuz.

Die Kleinen Schwestern Jesu haben z. Zt. 246 Niederlassungen mit 1340 Mitgliedern. Das Generalpriorat ist in Rom.

Inhalt

Literatur- und Quellenhinweise

Charles de Foucauld – Œuvres spirituelles édition intégrale. Voraussichtlich 20 Bände mit Anmerkungen und Vorworten von Bernard Jacqueline, Nouvelle Cité, Paris.

Barrat, Denise (Hg.), *Die Schriften von Charles de Foucauld* (in Auswahl; Bd. 7 der Reihe „Menschen der Kirche"), Köln 1961.

Carrouges, Michel, *Charles de Foucauld. Forscher und Beter,* Freiburg [5]1965.

Charles de Foucauld, Wien 1961.

Lüthold, Ida, *Charles de Foucauld. Vom Weltmann zum Heiligen,* München 1979.

Six, Jean-François, *Charles de Foucauld. Bruder aller Menschen,* Freiburg [2]1979.

Six, Jean-François, *Charles de Foucauld – der geistliche Werdegang,* München 1978.

Six, Jean-François, *Das Leben von Charles de Foucauld,* (Herder-Bücherei 252), Freiburg 1966.

Voillaume, René, *Mitten in der Welt. Das Leben der Kleinen Brüder Jesu von Pater de Foucauld,* Freiburg [4]1959.

–, *Charles de Foucauld und seinen „Kleinen Brüder",* (Herder-Bücherei 65), Freiburg 1960.

–, *Botschaft vom Wege. Briefe weltnaher Bruderliebe,* Freiburg 1962.

–, *Zeugnis für Christus in Armut,* Freiburg 1964.

In gleicher Ausstattung sind bei Herder erschienen

Lawrence Elliott / Helmuth Nils Loose

Johannes XXIII.

96 Seiten, davon 16 Seiten mit Farbtafeln und zahlreichen Schwarzweiß-Abbildungen, Pappband
ISBN 3-451-18974-7

„Elliott ist Journalist, der sich im Vatikan auskennt. Dazu hat er ausführlich die Papstliteratur studiert, Gespräche geführt mit Familienmitgliedern, Pfarrern, Kardinälen und Freunden. Eine Privataudienz bei Papst Paul VI. trug zu weiteren wertvollen Informationen bei. Im Text tritt die große Menschlichkeit des Papstes hervor ... seine Gestalt wird mit Sympathie gezeichnet."

Katholisches Sonntagsblatt, Rottenburg

Walter Nigg

Maximilian Kolbe – Der Märtyrer von Auschwitz

96 Seiten, davon 8 Seiten mit Farbtafeln und zahlreichen Schwarzweiß-Abbildungen, Pappband.
ISBN 3-451-18966-6

„Mit dieser Biographie setzt Walter Nigg dem Märtyrer unserer Zeit, der als 46-jähriger im Lager Auschwitz freiwillig anstelle eines später geretteten Familienvaters in die Todeszelle ging, ein Ehrenmal."

Der Bund, Bern

André Ravier / Helmuth Nils Loose

Bernadette Soubirous – Eine Heilige Frankreichs, Europas und der Welt

96 Seiten, davon 16 Seiten Farbtafeln und zahlreichen Schwarzweiß-Abbildungen, Pappband.
ISBN 3-451-18309-9

„Ein heiliges Bilderbuch könnte man dieses Werk nennen, in dem Text und zahlreiche Photos einander ergänzen, einander illustrieren ... Das Werk präsentiert dem Menschen von heute ein Heiligenleben, mit dem er sonst vermutlich nur wenig angefangen hätte."

Die Zeit im Buch, Wien

Jean François Six / Helmuth Nils Loose

Theresia von Lisieux – Die Heilige des „kleinen Weges"

96 Seiten, davon 16 Seiten Farbtafeln und zahlreichen Schwarzweiß-Abbildungen, Pappband.
ISBN 3-451-18833-3

„Jean François Six faßt in kurzen, knappen Zügen das einzigartige Leben der Heiligen ‚des kleinen Weges' zusammen. Da Six den Stoff dieser Biographie in allen Einzelheiten kennt und auch die historischen Randerscheinungen historisch wertet, ist er imstande, eine haarscharfe Zeichnung zu skizzieren, die jeden Leser anspricht."

Schweizerische Kirchenzeitung, Luzern